社会物理引论

Social Physics Explanation

牛文元　著

Niu Wenyuan

科学出版社

北京

内 容 简 介

在量子化社会趋势中，遵循"从微观的无序与随机，寻求宏观的有序与可识别"，实现自然科学与社会科学在更高层次的融合与统一，已成为网络世界中全方位阐释社会动力、社会演化、社会结构和社会行为的迫切要求。本书悉心凝练社会物理学的"最少支付原理"、"主流疲劳原理"、"熵值守恒原理"三大公理体系，并以其内部逻辑的自洽、共轭、互相作用与互相制约，全面提升社会燃烧理论，社会行为理论和社会治理理论的成熟度。尤其对社会普朗克现象、社会熵、社会温度、社会引力与社会斥力等给出了理论解析与定量表达。

本书力图在科学史中完成现代社会物理的学科塑造、推高现代社会物理的理论境界、解释现代社会物理的内涵与外延。本书可为从事交叉科学研究的学者、高等院校师生和社会管理者提供参考。

图书在版编目（CIP）数据

社会物理引论／牛文元著 . —北京：科学出版社，2016. 12
ISBN 978-7-03-049904-2

Ⅰ. 社… Ⅱ. 牛… Ⅲ. 社会科学–物理学–研究 Ⅳ. C05

中国版本图书馆 CIP 数据核字（2016）第 221367 号

责任编辑：李 敏／责任校对：邹慧卿

责任印制：张 倩／封面设计：李姗姗

科 学 出 版 社 出版

北京东黄城根北街 16 号
邮政编码：100717
http://www.sciencep.com

中国科学院印刷厂 印刷

科学出版社发行 各地新华书店经销

*

2016 年 12 月第 一 版 开本：720×1000 B5
2016 年 12 月第一次印刷 印张：11
字数：200 000

定价：88.00 元
（如有印装质量问题，我社负责调换）

作者简介
About the Author

牛文元(1939～2016 年)，中国科学院研究
员。中国科学院科技政策与管理科学研究所顾
问。中国科学院可持续发展战略研究组名誉组
长、首席科学家。中国科学院自然与社会交叉科
学研究中心学术委员会主任。发展中国家科学院
(TWAS)院士。

1962～1966 年中国科学院第一届研究生毕
业。1979～1982 年公派美国访问学者。1993～1994 年作为 Fulbright 访问
教授受聘于美国弗吉尼亚大学。

2003～2015 年被聘为国务院参事。2001～2013 年为中国人民政治协
商会议全国第九、第十、第十一届委员会委员。2007 年为国家规划专家
委员会委员。2007 年为国家环境咨询委员会委员。2008 年为国务院应急
管理专家委员会委员。

1994 年担任世界未来学家大会首席报告人。1995 年被联合国开发计
划署(UNDP)聘为《人类发展报告》(Human Development Report)中文版主
编。2000 年担任联合国千年计划生态单元专家。

在五十多年的科学活动中，牛文元以"三论"：《自然地理新论》(科学

出版社，1979）、《持续发展导论》(科学出版社，1994)和即将出版的《社会物理引论》(科学出版社，2016)，分别代表学术生涯的三个阶段，总体上是以自然科学与社会科学在更高层次上的充分交叉与融合为牵引，力图构建统一性解释更为广阔的科学体系。

1. 革新现代地理学内涵(1962~1992年)

1979年出版《自然地理新论》，在中国首次引入"地理系统"概念，受到学界极大关注，境外媒体发布专业性的长篇评论，著名科学家钱学森亲自专函作者予以高度评价。其后又连续出版《现代应用地理》(科学出版社，1987)，《理论地理学》(商务印书馆，1992)，基本构建了地理学的现代学科体系。

2. 创立可持续发展系统学派(1983~2016年)

1983年与马世骏院士一道参与联合国布伦特莱委员会起草全球可持续发展纲领的奠基性文本《我们共同的未来》(Our Common Future)，成为中国最早投入可持续发展领域的两位先锋之一，被学界称为"一马一牛"。1994年受中国科学院院长周光召和物理学家李政道委托，主持召开"中国21世纪环境与发展高端研讨会"，会后与周光召、李政道共同主编出版《绿色战略》。同年，牛文元出版中国第一部可持续发展理论专著《持续发展导论》。在世界可持续发展研究领域已存在的经济学方向、社会学方向和生态学方向三大方向上，独立创建了系统学方向。1999年首倡并领导中国科学院研究团队编纂了中国第一部年度报告《1999中国可持续发展战略报告》。2004年由时任中国科学院院长路甬祥任总主编、牛文元担任执行总主编，组织领导全国180多位可持续发展领域专家，历经四年编纂出版了可持续发展的大型文献工程——《中国可持续发展总纲(国家卷)》20卷本，被授予中国政府出版奖。鉴于牛文元作为中国可持续发展学术领域的开拓者及其突出贡献，2007 年牛文元与意大利总统钱皮(Carlo Ciampi)一道被授予"国际圣弗朗西斯环境奖"，成为发展中国家获此荣誉第一人。2015 年牛文元领衔编纂全世界首部《2015 世界可持续发展报告》，其中提出的"世界各国实现可持续发展时间表、独立设计的世界可持续指标体系以及对全球 192 个国家可持续能力的定量计算"，被国内外给予高度评价。

3. 形成社会物理学公理体系(1994~2016 年)

1994~2016 年，鉴于网络全球化的普及，呈现出社会量子化的新形态。牛文元敏锐觉察到世界科学前沿的这一新动向，在中国最早开拓了以现代社会物理学为交叉科学基础的先锋式研究。撰写以《社会燃烧理论》为代表的系列论文，其后发表《社会激波理论》、《社会行为熵理论》、《社会和谐方程》等。主编了《社会物理学系列》专著第 1 号、第 2 号、第 3 号、第 4 号、第 5 号(牛文元，2007, 2009, 2011, 2013, 2015)。鉴于社会物理学当前研究的方向不太明确、定义比较混乱、研究还很分散的现状，牛文元在长达二十余年学术思考的积淀下，遵循"从微观的无序与随机，寻求宏观有序与可识别"总目标，为实现自然科学与社会科学在更高层次的融合与统一，悉心凝练出"最少支付原理"、"主流疲劳原理"、"熵值守恒原理"的三大社会物理学公理体系，并以其内部逻辑的规整、自洽、共轭、互相制约，全面提升了社会燃烧理论，社会行为理论、社会网络理论和社会治理理论的成熟度。

About The Author

Chinese Academy of Sciences(CAS), 15, North 1,
Zhongguancun, Haidian, P. O. Box 8712, Beijing,China

Prof. Niu Wenyuan(1939–2016)

Counselor of the Prime Minister of the State Council, The People's Republic of China(2003–2015)

Member, Chinese People's Political Consultative Conference(CPPCC)(2001–2013)

Academic Counselor, State Environmental Protection Department (2007 – 2016)

Member, Experts Committee of Emergency Management, State Council, The People's Republic of China(2008).

Fellow, The World Academy of Sciences(TWAS) (2001–2016)

The Head and Chief- Scientist, The Program of Chinese Sustainability, Chinese Academy of Sciences(1999–2016)

Senior Advisor, Institute of Policy & Management, Chinese Academy of Sciences(2003–2016)

Academic Chairman, The Center for Multidiscipline Science, Chinese Academy of Sciences(2012–2016)

President, Green Design Institute, The World Green Design Organization (WGDO) (2015–2016)

The Chinese Editor, Human Development Report(UNDP)(1995)

The Editor, The Report of World Sustainable Development(2015–2016)

The Editor, The Series Research of Social Physics(from the First to Fifth) (2007–2016)

The Editor, The Overview of China's Sustainable Development(20 Volumes) (2004)

The World Environment Prize Winner(Saint Francis, Italy)(2007)

序
Preface

一个民族想要站在科学的最高峰，就一刻也不能没有理论思维。

——恩格斯

余生也晚。常慕往圣先贤之义、仁人侠士之风、博学鸿儒之才，一入心臆，以为志趣所趋，遂致热血流布，襟怀顿开。肩上责任，胸中抱负，足下步履，人生百事不敢稍有懈怠也。

公举暇退，喜徜徉学海，会心融通，消虑世外，务求一得。遇有动心处，静思默诵，终生不曾磨削。辑精微，掠新知，喜思辨，纵横琢砺，揭隐追穷，至纷沓处寻真掠美，于繁复间鉴本觅源。大有"一点浩然气，千里快哉风"之同调。

20世纪70年代末，余负笈西游，以访问学者之身赴美研习。越两载，夙兴夜寐，以图书馆为家，"三更灯火五更鸡"，目不敢暇给，手不敢停披，仅亲书笔记已超25册，含英咀华，条分缕析，溉沃现代交叉科学前沿之心田。1992年拙著百万字理论地理学在商务印书馆付梓，之后即全新擘画社会物理学之整体指脉，古称十年一剑，止今已倍加有余矣。尝读唐人"二句三年得，一吟双泪流"，又见曹氏"都云作者痴，谁解其中味"，感慨系之也。

古人赞：士之责在正蒙难、法授圣、化及民。心仪天下为公、大同世界、仁爱贤良、惠风和畅的先哲理念，目及利锁名缰、万象熙熙："密匝匝蚁排兵，闹攘攘蝇争血"，在社会量子化进程中，波粒二象之谜踪、主流疲劳之迢递，引力与斥力交互，清风与邪气并存，尸位素餐与治丝益棼共显。人文关怀之良知，脱出迷津之良能，感召引铎击金者："为天地立心，为生民立命，为往圣继绝学，为万世开太平"。愚者如我，未敢有此等豪壮，然勉力添砖加瓦、锄莠续貂，则视为己任也。吾家茔上刻石犹在："祖庭有训谨守善，家国逢难必尽忠，一入轩辕塑型骨，山自崔嵬水自东"。

某，一介书生，身无长物，唯一生"三论"引以清傲：1979年《自然地理新论》、1994年《持续发展导论》及今《社会物理引论》，执著在交叉科学之大漠徘徊徜徉，虽曰轻寡，亦均小开一时风气之先。背负沉重之因袭，窃近阿鼻之门扉，历经盛衰荣辱之流变，笃信修齐治平之精髓，终生激赏"一朵忽先变，百花皆后香，欲传春消息，不怕雪埋藏"之风骨；尤为服膺培根名言："伟大的哲学始于怀疑终于信仰"，做人做事，为今为后，当无愧于斯也。

"群体不善推理，却急于行动"，时下道德恐怖征、焦躁综合征、集体歇斯底里、谣诼之言、无稽之谈……于网络空间恣肆游走，裹挟世情，至为嚣嚣。信息文明之行为规范、有序、标准、重构……其识别与厘定时不我待。本书不揣浅陋，献于方家，正合古希伯来谚语"人类一思考，上帝就发笑"。是为序。

牛文元识
2016年6月中国科学院

目　录
Contents

第一章　社会物理学
Chapter 1　Social Physics

你能看到多远的过去，你就能看到多远的未来。

——丘吉尔

第一节　共同遵循的逻辑判断

没有科学史的科学哲学是空洞的，没有科学哲学的科学史是盲目的。伊曼诺尔·康德(Immanuel Kant)的哲思逻辑和认知体验，愈来愈被精密科学的演进轨迹所证明(伊曼诺尔·康德，2007)。2003 年 11 月 24 日的《国际先驱导报》，以"物理规律统治人类　当代社会物理学开始成型"为标题重点申明：物理学现在已不只是解释原子与电子等的行为，而且要解释具有自由意志的人的行为。一门新学科 —— 社会物理学正在逐渐形成(凌高，2003)。

20 世纪 80 年代以来，社会网络的出现与普及，已经成为社会生活中不可或缺的组成部分，也成为人际关系与社交行为的外化工具，由此引发了心理与行为、结构与功能、组织与制度、道德与规则……各种新变化，令人瞩目。无时无处不在的互联网，使传统社会对于信息索取、识别、过滤、加工、释放、响应及反馈的形式和内容，以及对于支撑社会运行的心理惯势与行为依据，都产生了革命性的变化，致使传统社会结构、社会行为、社会标准和社会治理方式无论从内涵还是从外延都发生或将发生巨变。那种人们多年形成的制度体系、结构体系与道德体系中被奉为圭臬并行之有效的"等级式"服从、"分工式"管理、"双面式"应世的社际关系和人际关系，以及长期占据道德高地的公序良俗，都为信息的海量化、多元化、自由化、速传化、虚拟化所重塑；个体在群体中显示的"高度"之间的差距与"速度"之间的差距，趋向越来越小，两者形成对等和均衡的趋势越来越明显；"世界是平的"已成为现实世界中的亲身体验。于是，诸如社会演化动力、社会行为映射、社会结构重组、社会舆论形成、社会心理识别、社会治理规则、社会道德依从、虚拟社会环境等，就成了不可回避的研究内容。社会物理学在历经多年沉寂之后，又散发出复兴的活力，不能不让人思考这些理论的、应用的、需求的乃至必然寻索新环境下社会良治的机制探求和心理诉求。国际著名刊物 *Science* 在 2009 年 6 月的一期特刊中，专门发表十余篇论文，集中关注网络环境下的社会行为，就是一个显著的事例。

本书对现代社会物理学的定义是：在社会走向量子化的总趋势下，应用科学的思辨方式、逻辑推演、公理提取和学科制度，经过"物理 — 生理 — 心理"链条演化的有效拓展、合理变异和理性修正，揭示和解释行为选择范式、结构优化重组、人文系统演替的充分交叉性学科。

人在本能上所具有"从利、从众、从上"的共性思维产生了对于纯粹物理规则的相应变异(第一畸变)；进而由于个体所处"经济、政治、文化"环境的不同时空塑造又对第一畸变实施再加工(第二畸变)；再叠加社会粒子的个体本身"体能、技能、智能、良能、权能"差异所产生的微观形态多样性(第三畸变)；更进一步由于人的"心理、思维、行为"在网络空间中的运动形式所表达出的显见"粒子特性……"(第四畸变)，这种相当于经典物理中"自由度"、"简并度"几乎无限的庞大数量集合(在物理世界中通常表现为极为庞大的分子数量乘以相对较少的"自由度",而在人文世界中则转换成粒子数量较少乘以数量极为庞大的"自由度"。由此可以想见物理世界与人文社会两者在微观层次上的数量级,在总和上具有十分相近的可比性)。这种数量级别上的类比性相似,加上人文世界特有的社会惯性和心理偏好,足以使得社会物理学所呈现的复杂性与繁难程度,会让古今研究者们望洋兴叹。列宁曾引用一句名言:"几何公理要是触犯了人们的利益,那也一定会遭到反驳的。"由此,迎接现代社会物理学的挑战,该是多么厚重的期许!

尽管复杂与繁难如此,社会物理学对人的行为与人文世界的探索从未停歇过,如中国哲学史中的"百家争鸣"、儒家与道家、理学与心学,西方哲学的代表人物苏格拉底、柏拉图、亚里士多德,康德、黑格尔等,在针对人与社会的探索中,都有许多精辟的论述。严格意义上,社会物理学必须遵从一定的思考范式,并且都必须通过严格的逻辑推演,在微观"相异"、"随机"和宏观"相似"、"有序"的总前提下,以及一般承认"向下分解显示差异"(微观的差异性)和"向上综合显示归类"(宏观的统一性)均呈"无限"的假定中,获得基本公理共同遵循的逻辑判断:

(1)无论自然系统还是人文系统,概莫能外地都表现随时(时间)随地(空间)随物(属性)呈现"差异"、"变化"的绝对性。

(2)在共同承认存在"差异"、"变化"的绝对性前提下,必然要形成广义分布的"梯度"。

(3)在承认广义分布"梯度"的前提下,必然会承认广义的"力"的存在和作用。

（4）只要存在广义的"力"的作用，必然要产生广义的"流"。

（5）社会物理学着重探索广义"流"的识别，探索广义流的产生根源、存在形式、作用方式、演化矢量、行进速率、表现强度、相互关系、响应程度、反馈特征及其敏感性、稳定性、变异性、偏好性等，从而刻画在"自然 — 社会 — 经济"复杂巨系统中，人作为个体及其所形成的群体在第一响应中的行为选择，以及这种行为选择在不同时间和不同空间中的运行轨迹。同时还必须重点揭示系统的主体、结构和功能的相关关系识别，着力对微观或宏观定义下的动态寻优，进而认识在现实状态下和虚拟环境中新的制约机制和调控机理等，最终将在社会量子化和量子化社会趋势的现代人文环境中，有效地服务于在复杂情境下的制度安排、结构治理、路径选择、法制完善和行为规则。

第二节　社会物理的历史源流

社会物理学的发轫，可以追溯到久远的年代。古希腊的柏拉图（Plato）和古罗马的西塞罗（Marcus Tullius Cicero）都论述过社会领域中所涉及的物理规则。智者与先知们总是在企图把世界上自然现象和社会现象的统一解释作为科学的最高层次追求。

在揭示与认知社会行为、关注与解释社会规律、总结与归纳社会动态的探索进程中，自然科学家从来没有置身度外。首先他们自身就是社会中的一员，加之科学家本能地对任何未知世界都存在着天生好奇的兴趣和激情，对社会物理学的探索，自发投入巨大关注几乎是必然的。例如，18 世纪法国天文物理学家彼埃尔·西蒙·拉普拉斯（Pierre-Simon Laplace），虽然他在科技发展史上以发现著名的天体定律而广为人知，但是他对社会物理也有浓厚的兴趣。拉普拉斯曾在 1781 年对巴黎出生婴儿的性别比产生兴趣，以此获取了随机概率天然地呈现出近似平衡性和对称式的结论，由此他得出了称之为"误差曲线"的结论，并进一步通过所作的结论凝练出自然问题与社会问题两者皆适用的普遍性。这一普适性结论给予后来研究者发出了明白无误的启示：物理世界与人文世界具有共同的统一性。

1823 年，比利时天文学家阿道夫·凯特勒（Adolphe Quetelet）在拉普拉斯等科学家启迪下，也应用了力学观点对社会现象作出了解析。其结论显示他对"追逐自然与人文共同统一性"的高度认可。

1862 年，约翰·斯图亚特·穆勒（John Stuart Mill）出版专著《逻辑体系》，在该书中他表达：非常规事件的出现通常是随机的与不确定的，却又可能将其归并到符合规则的范畴之中。

1872 年，路德维希·玻尔兹曼（Ludwig Edward Boltzmann）将经典的气体定律，运用到对社会现象的预测。也几乎是在同时期的 1873 年，詹姆斯·克拉克·麦克斯韦（James Clerk Maxwell）表示：社会物理学家的经验给了他应用统计学从微观随机中提取宏观有序的可能。

牛文元自始至终都将社会物理学的整体目标函数规定为：如何能从微观层次中的随机和不确定，寻求在宏观层次表达中的有序与可识别。

综上所述，科学家们的开拓与理想其实都是在寻求更高层次，即囊括自然科学与社会科学在更高层次交叉研究中的统一性解释。

从事社会学研究的学者同样对社会物理学的学科建树有着浓厚兴趣。可以看到，17 世纪威廉·配第（William Petty）所提出的"政治算术"，他主张应像寻求物理定律那样用严谨的法则去精确地表述社会现象。

特别是法国社会学家奥古斯特·孔德（Auguste Conte）（图 1.1）在 1830年前后，第一个直接使用"社会物理学"这一术语，力图建立研究社会现象的科学大纲。

图 1.1　奥古斯特·孔德

（1798～1857 年）

孔德坚持认为只有当理论假设与已确证的定理无矛盾时的"相容性"和所得结论同观察事实相一致时的"可证性"两者同时存在时，预设的假定才能被转换成科学的陈述（这种思维方式其实就是科学哲学所推崇的演绎法则）。孔德一直企图用他这一理性思考去面对各种复杂的社会问题，并想象出"社会秩序"是"自然秩序"的延伸，分别以研究社会结构的社会静力学和研究社会发展的社会动力学等观念，去分析和判别并进而实现研究社会问题的严格性。孔德还十分强调，"社会现象服从自然规律，同时容许合乎理性的预见"。

爱尔兰都柏林圣三一学院物理系的一批年轻物理学家，在对社会物理学发展历史的叙述中，用了以下四段话分别指出 19 世纪前古典社会物理学的几个断面：

"当 17 世纪物理学已逐渐形成体系时，自然哲学家们就试图应用统计物理的概念与方法去研究社会。时至今日，我们应用所建造的模型对经济学、物流、人行横道运动、选举乃至社会网络等进行研究时，其源头仍无一例外还都来自于早期传统学科的积淀。"

"19 世纪之前，社会的成员及其行为普遍被认为是神的智慧与安排的见证。其后，统计趋势才成为预知天灾和革命的先验工具。采用社会物理这个术语的第一人孔德就一直坚信秩序成就了对世界的科学论述并声称社会物理学是人们最需要的学科。"

"托马斯·奥布斯依据伽利略法则建造了他的政治理论，即任何物体都有寻求保持原状的特性。据此奥布斯提出了可再塑的格网框架，成为其后纳什均衡对于个体能力最大化的工具。"

"1781 年，拉普拉斯计算了巴黎初生婴儿的性别……指出误差曲线即高斯曲线的普适性解释，而此种结论又可以追溯到 1733 年棣莫弗所作的关于硬币投掷的结论。"

1936 年心理学家库尔特·勒温(Kurt Lewin)提出了自己的理论。描述人在周围环境中的行为选择，并赋予这些概念以新的心理学含义。

可以发现，自孔德首先命名以来，社会物理学至今已有近 200 年时间的发展源流，并相继经历了古典社会物理学、近代社会物理学和现代社会物理学三个主要阶段。

一、古典社会物理学

以法国的克劳德·昂利·圣西门(Comte de Saint-Simon)，奥古斯特·孔德，比利时的阿道夫·凯特勒(Adolphe Quetelet)，英国的托马斯·霍布斯(Thomas HobbeS) 等为代表，企图通过力学体系的机械论，去看待和阐述复杂的社会现象。这些先驱者们曾简单地借鉴过 1687 年牛顿定律中所总结出的"引力与质量的乘积成正比，与距离的平方成反比"这一经典公式，甚至几乎不加任何改变地移植到诸如人口迁移模型、城市引力模型和区域综合能力模型等，类似这样的例子尚可举出许多。正是因为古典社会物理学在类比上的牵强和在认识上的浮泛，虽然在科学发展史上提出了一个学科的研究空间，但由于受到各方严厉的质疑，古典社会物理学的兴起终究只能是渐渐式微了。

二、近代社会物理学

第二次世界大战之后，近代社会物理学在所谓的哈佛学派(Zipf,

1949)、华盛顿学派（Garison，1962）和剑桥学派（Chorley and Haggett，1967）等的共同努力下，在古典社会物理学被长期讥笑的萎靡状态下，迎来了一个发展的新阶段，其主要代表人物有著名的量子物理学家埃尔温·薛定谔（Erwin Schrödinger）（生命是什么，1946）、G. K. 基夫（George Kingsley Zipf）（人类最小努力原则，1949）、H. 西蒙斯（Henny SimmonS）（国家生存理论，1965）、A. G. 威尔逊（Alan G. Wilson）（城市和区域中的熵，1970）、赫尔曼·哈肯（Herman Haken）（协同学 —— 大自然构成的奥秘，1971）、P. 哈盖特（P. Haggett）（地理空间网络，1979）、伊利亚·普里高津（Llya Prigogine）（耗散结构理论，1977）等。近代社会物理学一直企图将自然科学中尤其是物理学中相当成熟的规则，嫁接性地、建设性地运用到经济计量、人口分析、空间活动、过程模拟、政治运动、社会选举以及社会行为的分析中，企图解释整体性、相似性、等级性、协调性、选择性、偏好性、不确定性和自组织行为等，力求在一个"可计量"的系统中作出某种严格的解释。

自 20 世纪 30 年代以来，首先是薛定谔经过较长时间的思索，于 1946 年将他的三次演讲结集出版了《生命是什么》（埃尔温·薛定谔，2005）一书。在这部研究成果中，薛定谔把熵与生命现象的联系首次公布于世，引发了一次规模广泛的热烈讨论。1949 年，基夫的《人类最小努力原则》（Zipf，1949），系统地提出近代社会物理学发展的公理性判断，凝练从自然科学出发去认识人类社会的基础原则和核心要点。该书的问世，极大地增强了系统理论、控制理论、信息理论在深入刻画社会问题时的信心和热情。1950 年前后，一批著名学者集聚于美国西雅图华盛顿州立大学，重点研讨人文科学的精密化与定量问题，其中包括剑桥学派核心人物哈盖特和 R. J. 乔莱（R. J. Chorley），他们把普遍发生在区域开发、经济增长和社会组织等的社会现象，进行了深入、条理式的研讨。随后的十多年时间里，掀起了世界性的学科计量革命，同时在社会物理学的应用方向上，也积累了不少成功的范例。

例如，以"区位论"为目标的空间充填原理、应用"力的合成"解释干旱地区绿洲系统的调控机理、应用自然变量与社会变量结合提出国家生存能力、解释技术发明的空间扩散方程、应用资源开发的熵理论以及经济过程的质能守恒等，几乎都是这一时期的主流之作。

尽管与古典社会物理学相比较，近代社会物理学所涉及的广度和深度都有长足的进步，但是仍未能跳出传统意义下物理学与社会学套搬组合的"一席之地"，要么显示出机械论的死板，要么陷入了结合论的凿枘。因此，尽管近代社会物理学的理论与方法受到过科学界的热心推助和发扬，但始终没有寻找出公认的还原论基础和普适性的公理性体系，所以仍未获得科学界的积极接纳，甚至未能获得科学大家族的广泛认同，他们普遍认为所谓的近代社会物理学不过是一堆方法的扩展或演进，还达不到作为学科的特质，也未构成独立的理论体系和方法论的完备与严谨。

三、现代社会物理学

最近 20 年以互联网普及和信息社会的迅速显现为标志，呈现出社会量子化的特征，于是现代社会物理学应运而生。如果说古典社会物理还带有农业文明的影子，近代社会物理是工业文明的产儿，那么现代社会物理必定是信息社会的结晶。

现代社会物理学的显著特点就是在"量子化的社会"或"社会的量子化"趋势中，通过"微观个体行为的无序性"去寻求"宏观群体行为的可辨识"。谈及量子化社会，就不能不回顾马克斯·普朗克(Max Planck)(图 1.2)对建立量子物理所起的先锋作用。将他及其后的量子物理成就引入社会物理被视为现代社会物理学的重大特征。

图 1.2　马克斯·普朗克

（1858～1947 年）

普朗克的思想对于探讨社会系统具有统一解释的动力、作用、方向、速率、转化等的依据与规则，以及物理学原理在"物理 — 生理 — 心理"链条传递中的变异与影响，具有启蒙式的意义。加上"量子化的社会"中特有的共性与现象，使得"社会的量子化"成为现代社会物理学探索的核心与主线。尤其是在量子化社会的显现过程中，与人们关系最密切、应用最广泛、使用最直接、影响最深刻的社会网络化及其所带来的社会变革、社会行为、社会规则，使得现代社会物理学在现实世界中的作用和价值越来越起到主导性的作用。

1978 年，T. 斯凯林（T. Schelling）出版专著《小动力与大行为》（Schelling, 1978）。

1982～2012 年，S. 格拉姆（S. Galam）在现代社会物理学的成长中贡献颇多（Galam，1982，1986，1990，2002，2003）。1982 年，格拉姆发表《社会物理学：社会集合行为的新范式》（Galam，1982）。其后，他又于 2003 年和 2008 年分别在 *Physica A*（Galam，2003），*Physics C*（Galam，2008）等刊物上发表社会物理学的专论。2012 年，他出版了《社会物理学：一个物理学家对于心理政治现象的描写》（Galam，2013）。格拉姆在推动现代社会物理学的理论进展上受人推重。

1985 年，A. S. 艾倍拉（Iberal A. S.）在美国国家科学院院刊上发表《现代社会的社会物理学大纲》（Iberall，1985）。

1994 年，牛文元基于社会物理学原理提出"社会燃烧理论"（牛文元，1994）。其后，2001 年牛文元在《中国科学院院刊》上发表《社会物理学与中国社会稳定预警系统》（牛文元，2001）。继之在 2002 年发表《社会物理学：

学科意义与应用价值》（牛文元，2002）。在 2005 年发表《社会物理学派在交叉科学领域中的学科意义与价值》（牛文元，2005）。在 2008 年发表《基于社会物理学的社会和谐方程》（牛文元，2008）。在 2007~2015 年的八年中，牛文元领导并主编，由科学出版社连续出版了中国科学院研究团队的《社会物理学系列》第 1 号至第 5 号。其中，第 1 号主题《社会物理学：国际前沿研究透视》（范泽孟等，2007）；第 2 号主题《社会物理学：社会物理学理论与应用》（牛文元等，2009）；第 3 号主题《社会物理学：社会动力学》（刘怡君和周涛等，2012）；第 4 号主题《社会物理学：社会管理学》（刘怡君等，2013）；第 5 号主题《社会物理学：社会治理》（刘怡君等，2015）（图1.3）。据统计，目前发表与此相关的论文和评论已达20920篇。

图1.3　《社会物理学系列研究》第 1 至第 5 号（2007~2015 年）

1999 年，剑桥大学出版了 P. 米罗斯基（Philip Mirowski）《作为社会物理学的经济学》（第三版）（Mirowski and Anderson，1999）。

D. 赫尔宾（D. Helbing）和 P. 莫尔纳（P. Molnar）于 1995 年《关注社会力学模型》（Helbing and Molnar，1995）。在其后的 1997 年，D. 赫尔宾又和

J. 凯尔茨(J. Keltsch)在世界著名学术期刊 *Nature* 上发表了《人的行进系统进化模型》(Helbing et al.，2010)。

2004 年，哈佛大学伯克曼中心的 J. 克里匹格(John Clippinger)发表了《自发社会网络形成机理和适应规则》的研究成果，针对海量微观粒子的统计学规则，企图建立社会物理学的实证基础(Chippinger，2004)。

迦典(Guardian)于 2004 年 2 月在 *Science* 杂志上发表对菲利普·鲍尔(Philip Ball)的《社会物理学述评》(Guardian，2004)。同年伦敦一家出版社出版了鲍尔的专著 *Critical Mass*：*How One Thing leads to Another* (Ball，2004)。

2007 年，当代中国出版社出版了鲍尔《预知社会 —— 群体行为的内在法则》的中文版(菲利普·鲍尔，2007)。

2009 年 6 月，*Science* 杂志推出复杂系统与网络研究的特辑，演绎了现代社会物理所关注的重心，受到科学界的广泛重视。该专辑包括了《无标度网络：过去十年及未来前景》、《我们自己和我们之间的相互作用：一个终极物理问题》、《金融物理：多年来的争议》、《反恐怖主义的新工具：元网络分析》、《调查网络科学：它的黑暗面》、《重谈复杂网络分析的基础》、《解开生命之网》、《分析社会生态系统持续性的普适性框架》、《经济网络：新挑战》、《技术社会系统行为的预测》和《转录调控回路：从字母表中预测数字》11 篇论文。

2009 年，*Science* 杂志还发表大卫等(David L.，Alex P.，Lada A.)的论文《社会科学：计算社会的科学》(David et al.，2009)。

2011 年，由格致等三家出版机构共同出版了曼瑟尔·奥尔森的《集体行动的逻辑》新版(曼瑟尔·奥尔森，2011)。

2012 年，中国人民大学出版社出版克莱·舍基的《人人时代：无组织的组织力量》(克莱·舍基，2012)。在该书中《互联网周刊》主编姜奇平作了专题评述，胡泳做了导言式介绍，对公众在互联网时代的行为与责任进行了提示性归纳。

2012 年，英国《新科学家》列出了人类应该了解的十大智慧理念。其中指出"人若要更加了解自身"就必须认识到"网络将进一步统治我们的世界"，并且强调"人类或许只是一个混乱的嵌合物种"。同年，中国人民大学出版社出版了艾伯特·拉斯洛·巴拉巴西《爆发：大数据时代预见未来的新思维》的中文版(艾伯特·拉斯洛·巴拉巴西，2012)。

2015 年，浙江人民出版社出版了阿莱克斯·彭特兰的《智慧社会：大数据与社会物理学》中文版(阿莱克斯·彭特兰，2015)。

2016 年，科学出版社出版了由刘怡君等编著的《社会舆情的网络分析方法与建模仿真》(刘怡君等，2016)。

以上这些研究成果基本上均为活跃在广义社会物理学领域第一线的研究者撰写，它们共同构成了现代社会物理学关注的主线，具有重要的参考价值。

在社会网络全球普及和量子化社会形成的前提下，研究社会系统的结构与功能，研究社会行为的模式与选择、研究社会治理规则的制定与评价，探索信息时代下社会物理学的理论体系与实证基础，已成为当代科学家义不容辞的追索目标。爱尔兰都柏林圣三一学院一群年轻的物理学家直接提出了这样的口号："为什么人是那么类似于粒子的行为？（Why people do what particles do?）"（图 1.4）。

具有时代性和创新性的这种见解，似乎可以引导将现代社会物理学的内涵研究追溯到还原论所期望的那种基础形态，即从物理世界的量子化推延到人文社会的量子化。

在现代社会物理学涌动的浪潮中，中国学者感觉敏锐，正如前面已经提及的，在现实世界和网络世界中共同存在的社会动力、社会行为、社会结构、

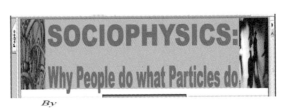

图 1.4　爱尔兰都柏林圣三一学院物理系一群物理学家的口号

社会功能、社会演化的研究总体被我们归纳成：如何从微观层面上"社会个体"所表现出的随机性和无序性，通过识别和提取，寻求在宏观层面"社会群体"所表现出的可认知性和可观控性，从而将还原论者始终不渝推崇的科学精神与科学追求，智慧地提升到整体论者所期待的更高层次的统一性。

　　现代社会物理学既企图在本源上解释个体心理和行为所呈现出的随机性与不确定性，同时又期盼着获取随机性与不确定性的"平均值"去解释在群体中必然形成的社会结构、社会组织、社会功能与社会运行的规则。从现代社会物理学角度出发，此种认知过程也必然遵循一般精密科学的探索路径，即从低到高阶梯式地认知"是什么"（关系识别）、"为什么"（机理识别）、"将发生什么"（智能识别），这种从低到高的认知路径，实质上是通过寻求

"存在关系"、进一步寻求"逻辑关系"、最终寻求"函数关系"的有序演进，以此将这门最复杂、最艰辛也是几千年来人们最期待突破的社会物理学学科，提升到现代科学大家族的圣殿之中。这里所谓现代社会物理学的三大境界，即追求知识积累的"是什么"，上升到求解机理的"为什么"，进一步完成指导行为的"将发生什么"，其实质也恰好对应着整个现代科学面对研究对象的三个层次，这三个层次依据其难度等级分别是寻求"连接关系"(回答"是什么")、寻求"逻辑关系"(回答"为什么")、直至寻求"函数关系"(回答"将发生什么")。

在上述这种观念指导下，现代社会物理学的学科分类，一般能够拟出如下的基本轮廓：

社会物理学原理(公理体系与理论构架)；

社会静力学(探索关系、分布、组织、结构、平衡)；

社会动力学(探索社会力作用下的动态演化轨迹)；

社会热力学(探索社会温度、社会活化能、社会燃烧理论)；

社会行为学(探索量子化社会中的行为规则与行为选择)；

社会治理学(探索制度安排、结构治理和社会心理优化)。

第三节　社会物理学的三次跃迁

一、从物理向生理的跃迁

20 世纪 30 年代之后，薛定谔(图 1.5)经过独特的思索，于 1946 年将其三次演讲结集出版了《生命是什么》一书。

图 1.5　埃尔温·薛定谔

（1887～1961 年）

在这部影响很大的专著中，薛定谔把熵与生命现象的联系首次公布于世，引发了一次世界范围的深入讨论。该书的核心在于揭示"物理熵"与"生命熵"之间的差异和联系，在"有序"与"无序"的行为动力上，探讨了一种既关系自然规律，又关系社会规律（由物理科学到生命科学的宏观拓展），企图寻求更高层次规律的可能性。由此，他开辟了近代社会物理学研究的先河，其一直影响到 40 年后另一位诺贝尔奖获得者普里高津的耗散结构理论。薛定谔的核心在于揭示"物理熵"与"生命熵"之间的差异和联系，在熵增与熵减的痛苦挣扎中，探讨了生命行为的物理学解释，从而实现了社会物理学从"物理向生理"的过渡。

二、从生理向心理的跃迁

1947 年，基夫《人类最小努力原则》著作的问世，成功地延伸了物理学公认的最小作用量原理在社会行为中的体现，提出人类在始终追求最小努力获取最大收益的心理倾向和行为选择（偏好），以及该原理对社会行为所具有的支配地位，从而实现了社会物理学从"生理向心理"的过渡。

三、从静态向动态的跃迁

2003 年 7 月 3 日 *Nature* 杂志发布了一条讣告，称"一个真正的人文主义者"离我们远去了，他就是诺贝尔奖得主普利高津（图 1.6）。

普利高津论著的"三部曲"《从存在到演化》、《从混沌到有序》、《确定性的终结》，以及同时代德国著名学者哈肯（图1.7）的《协同学 —— 大自然构成的奥秘》，奠定了系统的动态演化模式，即在远离平衡态条件下通过"自组织"以及涨落可能产生的突变，阐述了社会系统如何从"无序进入到有序"的宏观递进。

图1.6　普利高津（1917～2003年）　　　　图1.7　哈肯（1927～）

　　普利高津和哈肯企图强有力地说明社会行为演化所经历的普遍范式，遗憾的是，他们缺失了完整表达"社会行为波"运行的另一半，即在强调社会系统从"无序走到新的有序"时，社会系统又将如何会从"新的有序进入到无序"的宏观流变。从1994年起，中国科学院的牛文元就提出了"社会燃烧理论"，希望从理论上回答随时间变化的社会系统演进的另一半，即系统如何从"有序蜕变到无序"的过程，从而弥补社会行为波循环往复完整周期中普利高津等解释中所缺失的另一半。首先，"社会燃烧理论"通过"社会燃烧物质"积累，即社会系统中微观"基本粒子"（个体）从有序走向混乱，从同化走向异化的"基础能量"积聚，成为引领社会系统朝着社会熵增大方向演进的动力；其次，加上"社会助燃剂"（社会心理引导的激发能或社会活化能）的催化，提升了社会系统无序化过程的"社会混乱度"，完成了社会熵增大并有可能发生"跃迁"的能量储备；最后，在"社会触发温度"（某个突发事件）

的点燃下，社会系统完成了从"有序到无序"的相变。上述三项基本非线性变量 —— 社会燃烧物质、社会助燃剂和社会触发温度阈值的共同作用，体现了社会燃烧理论在不同时间、不同空间和不同属性条件下，如不能及时注入"负熵"以保持系统的"中和或持平"，必将无法避免社会系统自发地走向劣质化并崩解的命运。这个对社会系统自发地从"建构"走向"解构"的动力学解释，弥补了完整社会系统行为波的前半段缺失。由此，加上普利高津、哈肯所揭示社会行为波的前半段（从解构到建构），完善了对社会行为波峰谷转换及社会发展循环周期的完整解释，也由此共同完整地说明了社会系统"从解构到建构、再从建构到解构"的全波型表达，实现了社会物理学从"静态向动态"的跃迁。

第四节　社会物理的学科担当

抛开枝节上的纷扰和争论，社会物理学的科学地位至少在以下四个方面是被肯定的：

（1）在各类学科当中，社会物理学是既充分联系着自然科学，又充分联系着社会科学的独特学科，具备"统一论"所梦想的沟通自然规律与人文行为之间的桥梁作用。

（2）在现代社会物理学体系中，将人的个体及其空间分布比拟为"离散的粒子"行为，将人的整体及其行为的时间过程比拟为"连续的波动"行为，这种类似"波粒二象"的特征，又似乎具备"还原论"所梦想的由本原探索规律的要求。

（3）当社会发展到每一个个体的认知边界几乎可等同于人类整体的认知边界，当每一个个体的认知速度几乎可等同于人类整体的认知速度，以及每一个个体所表现的行为可立即融入人类整体所表现的群体展示时，也就相应地颠覆了传统社会的构建模式，服从型、模仿型、猎奇式独创型、单向式传递型乃至个体式封闭型，在网络世界中都将面对一种可立即受检并经受群体共同证伪式的批判，使知识的增大速率得到了非线性提高。但也只有在接受近乎残酷般的洗礼之后，才能真正构成人类文明的实际增量，并在充分借鉴网络环境的支撑下，所形成的这种内增式理论与方法，才可成为社会的公器，从而为更新高度的理论与方法出现担当催产士的角色。

(4)近代科学史中，统计物理学的产生与成长具有传奇式的色彩，大量粒子系统所遵循的统计规律不能完全归结为力学规律所支配。根据物质的微观粒子组成和微粒之间的相互作用，采用概率计量方法，研究由大量粒子组成的宏观物体的共有性质和行为的统计规律，诞生了以热力学第二定律为代表的统计物理学。统计物理是沟通从微观到宏观的桥梁，它为各种宏观理论提供了统计意义上的依据。众所周知，虽然社会中的成员(粒子)数量不算庞大，但是由于它们所具有的"自由度"、"简并度"近乎接近无限，两者组合(相乘)构成了极其复杂的综合体，对该复杂综合体实施动态解析，单用现有的力学规则甚至量子学规则，都仍无法给出机理式的确定解，由此可见社会物理学复杂性的一斑。如何实现从微观上的随机无序，表达出在宏观上的规律认定，现代社会物理学必须解决理论上的开拓与方法上的创新。由此引发社会行为和社会系统建构研究的迫切性，并将成为现代社会物理学自身规定的目标函数，也由此萌发了统一解析现代社会结构和现代社会功能的心理冲动。

第五节　凝练三大公理体系

世界是物质、存在、经验、学习、感觉、推理和认知的共同产物，这个共同产物在人的大脑中积淀、比较、思辨和试错，逐步形成了个体对于客观世界的应对信条，决定着对"最少支付原理、主流疲劳原理和熵值守恒原理"三项的整体映射，成就了人的动机、自洽和行为依据的公理体系。这种思维和神经细胞活动在生命过程所存在的独特机制，将能使人在复杂多变外部环境的响应中产生某种适应性调整功能，以致它所占据的独特地位表现在社会个体和社会群体中可以"理直气壮"地为自己的行为选择找到最可自洽的辩解（再通过说服自己去说服别人），从而获取对行为选择的充分自信、获取寻找行为依据的绝佳理由，从而站上自我归宿的"意识高地"。对于这种行为选择自信和行为执著的总支撑，其实都可从所凝练的社会物理三原理（"最少支付原理"、"主流疲劳原理"、"熵值守恒原理"）中找出显在或潜在的整体性归纳。巴鲁赫·德·斯宾诺莎（Baruch de Spinoza）就一直认为支配形体的存在、运动和选择的根源是意识，而他又归结为赋予意识的只能是神的旨意，由此陷入某种不可知、不能知或不愿知的境地。

　　"最少支付原理"被称为社会物理学的"引力定律"，是意识和行为中起本源控制的基础作用力。它始终倾向于付出最少、机会成本最小、获取负熵最易、选择路径最短和一次能满足多重意愿的自发式走向，这种所谓"下意识"的公理，又被称为人文世界的"元思考"并成为社会行为选择所遵奉的"第一原理"，伴随这个第一原理同时也赋予了自私、独占、嫉妒、排他等的不同行为表现归纳，乃至表现出如列宁引用的名言：几何公理要是触犯了人们的利益，那也一定会遭到反驳的。可见"最少支付原理"在社会行为选择中所具有的统帅式地位。这里所称的"下意识"、"欲求"等，其实质就是以意识为矢量，朝着熵最小方向（获取负熵最大）永不停歇的追索。

　　"主流疲劳原理"被认为是对最少支付原理的"助推剂"。每当寻找到了第一捷径并登上"预想目标"的台阶，几乎就在陶醉胜利的同时，后继的新起欲望台阶又会让他自发产生对更高层次目标的"最少支付"，如此步步为营对"无限"欲望不间断地去追索更新的"最少支付"，形成了欲望无限和最少支付追索周期性路径的形成。当后一个行为追逐目标占主导时，前一个已达成的目标就被退居次位，由此孕育出社会物理学对前缀目标产生了通过最少支付路径或意识的"主流疲劳原理"，同时又开启着后续目标的再演绎的新一轮最少支付追索，使得最少支付原理随时间的变化所表现出的不息更迭。薛定谔在《生命是什么》一书中明白宣示：那些有我们的感觉和直觉，也有可能有行为参与的一系列事件在以同样的方式屡屡重复时，它们就渐渐脱离意识范畴。但一旦场合或环境条件与以前的不同，事件的发生就是有意识的。这段话明白无误地对于主流疲劳的产生、消除，再产生、再消除的周期往复，形成了对广义"最少支付原理"的执著前行提供了助推剂。换一种说法：如若不产生主流疲劳，对进一步采用最少支付以获取新的目标实现，就变得不必要或不可能，最小支付原理也会戛然而止，那在现实社会中是不存在的。

"熵值守恒原理"的实质是对"最少支付"无度追逐极限意愿的"限定闸门"，它强调最少支付必须服从与能量守恒相连接的天然魔咒，即只有承认普适的守恒原理对最少支付执著冲动的任性追逐提供限制性的临界阈值，才能最终免除最少支付原理可能脱离守恒规则的共轭性羁绊，从而带来对社会系统的损伤或疯狂。

由上述内在逻辑严密的制约关联解释，可以想见"最少支付原理"、"主流疲劳原理"、"熵值守恒原理"三者既独立而又依存共生的关系，共同构成了社会物理学与社会行为选择普适遵从的公理体系。"最小支付原理"在"主流疲劳原理"和"熵值守恒原理"的推进和制约下，完整地将社会行为识别、社会行为选择和社会行为效用组合地推进到逻辑自洽的融合，构成了社会物理学鼎足而立的三大公理体系。

第六节　寻求更高层次统一性

社会物理学发展的一个前提是必须承认人是整个自然界的一个组成部分。而由人组成的社会在具有自身特性的同时，永远离不开整个自然规律的制约，它只能是"自然 — 生理 — 心理 — 行为"统一链条的天然延伸。德国著名科学家亚历山大·冯·洪堡(Alexander von Humboldt)在其鸿篇巨制《宇宙》第一卷中，开宗明义地坚信这种统一性的存在："我的主要动机是想把外部环境的现象，都纳入到世界的总的联系之中。自然界是一个被运动着的和被作用着的整体。"科学的统一性，必然是非生命与生命两大领域的综合体的共同体现，两者在物质、能量、信息的运动与交换中具有天然的联系，同时又会在各自领域中保持着特有的个性，承认共性与个性的统一与不可分、又承认共性与个性的差异与独立性，共同寻求自然界和人文界统一的"平均数"，已成为现代社会物理学遵从的学科原则。

前已述及，当社会个体的认知边界在网络化时代逐步接近社会群体的认知边界时，当社会个体的认知速度又接近整个社会群体的认知速度时，当社会结构的等级性逐渐经受崩塌并在逐步实现"结构平面化"的进程中，从社会分工的宏大体系中去探求普适的还原论时，获得"整体观"的统一基础，已经成为社会物理学的终极追索。

统一本源：承认物理世界和人文社会的整体统一性。

统一形态：从物质世界的量子化到人文社会的量子化。

统一解释：从微观的随机性和无序性获得宏观上的可识别性和可观控性。

社会的量子化或量子化的社会，同传统物理学对于量子的认知具有在一定意义上的可比性。诸如社会行为具有明确的"波粒二象性"，表现在个体状态下呈现出典型的粒子态，而在群体状态下呈现出可量测的连续性，即随机性和可识别性共存下的社会情境，为量子化社会提供了清晰的基础。再如在社会物理学中普遍呈现的"不确定性"，表达在时间上的、空间上的、社会个体或社会群体上的不确定性，并归纳出这是同时确认社会特有"二元道德高地"标准并存制约下的必然产物。又如在社会物理中时隐时现的"相干性"，表达出社会个体或群体在生命周期相同而相位差异恒定的社会相干性。当两个个体或两个群体在某种状态下彼此相互干涉时，由于相位的差异，会产生建设性干涉或摧毁性干涉的不同结果，使得社会景观显现出缤纷的图景和色彩。同时几乎任何一个人在其整个生命进程中，都有"相对性"的体验：遇到特别欣赏的事件或爱好，都会感到时间过得"太快"，而遇到烦恼的事件或乏味冗长的说教时，又会感到时间过得"太慢"，虽然时间本身并无任何变化，而社会个体的"心理感受时间"却存在着显著的偏好。凡此等等，社会物理学者一再表现出对社会的量子化的浓厚兴趣。

自然规律与社会规律在现时代中的人为分离，始终是科学整体的一大缺憾，两者存在着在更高层次上的融合性与统一性解释是毋庸置疑的。我们不惧怕认识这种统一性基础的缓慢，只惧怕人们根本不屑一顾这种统一基础存在的固执；我们也不会惧怕认识这个统一基础的不完美，只惧怕社会物理学家们各执一词只会去寻求定义的缺陷或追求语义的华美。这就是为什么明知到达社会物理学的彼岸荆棘遍地，还是会有不少"朝圣者"横下心来艰难行进的内在动力。

培根说："伟大的哲学始于怀疑，终于信仰。"康德说："当人们只服从法则而无需听命于他人时，便获得了自由。"哲人的格言值得体味，吾辈的力行更值得期待，几千年来一直困扰人类自身的"心学"，几百年来争论不休的"社会学"，几十年来酝酿突破的"心理学"，乃至近几年来异军突起的现代"社会物理学"，都必须依赖有毅力、有担当的现代"普罗米修斯"去赓续，

"我不下地狱谁下地狱"，不应只是一句攀上道德高地的空洞格言。世界进入到21世纪的大趋势及其所显露的新特点，都预示着社会物理学正在酝酿突破性的萌动，这种萌动既来自于学科觉醒的推挽，更来自于社会进化的自我反省，人们很难想象，处于信息时代的社会物理学，会一直因袭旧的观念而不去变革；也很难想象在新潮流激荡的节点上，社会物理学家会不去重新审视它的定位和价值。

第七节　社会物理学面临四个难题

社会物理学在自然科学与社会科学的交叉研究方面，已逐渐在学术界受到重视，并对进一步的深入探索抱有很大期许。社会物理学在新的路径中，尚面临四大难点，经受着严峻的挑战。

一、寻求自然规律和社会规律在高层融合中的统一解释

众所周知，自然科学有着自身成功的系统认知体系，社会科学同样也有着自身成功的系统认知体系，但是在面对量子化社会的现实环境下，在网络化时代"自然 — 社会 — 经济"的巨系统中，如何作出更高层次的复杂性认知，即从微观情境下所表现出的随机和无序，寻求在宏观层面上的规则性解释，达到科学整体认知的融合与统一，始终是社会物理学努力的学科方向。

二、探索自然规律、社会规律和心理响应的畸变规则

如何将"自然、社会、心理"之间的内在联系及"逐级转移萃取"的畸变

规则，纳入到社会物理学的基本研究框架之中，是自 1980 年以来社会物理学研究者追求的重大目标。实质上，社会物理学研究者力求将自然规律实施"社会化"与"人文化"，亦可看做是如何将自然规律实施"人的行为化"的普适性改造。

三、网络时代"社会物理科学"与"社会物理工程"的对接

努力探求智力的工程化与"电脑—人脑"互相作用、互相补充的可能性。随着系统科学与信息技术的多方面发展，以芯片的逻辑功能和智能化程度，去代替或复制一部分人脑的生理功能与思维功能，是社会物理学派在科学领域与技术工程领域有机融合的又一难题。

四、走出"双元"目标制约下的两难境地

在人类历史演进中，两大道德高地始终并存的双元目标体系常常引发对于极限追求的悖谬：一方面表现在对"均衡"、"中庸"实现的无限向往；另一方面又相应存在对实现"均衡"、"中庸"的无望遗憾。一方面是必须承认无时不在、无处不在的绝对差异和关键少数对社会进程的推动力；另一方面又永远是对消除差异、削峰补谷的道义努力。既深知差异消灭永远无法实现，又世世代代进行着对充分均衡和绝对平等的幻想。以此构成了人类行为、制度、法律、文化、道统的准绳和仪轨的内在矛盾性。社会物理学希冀在"差异"与"均衡"之间找到一个满意解，走出两难境地，实现两者无休止辩论的终结。

社会物理学是一门既古老又新兴的方向性学科，她在研究"事物复杂

性"在更高层次的统一融合中，企图整合长期以来一直困扰着人们对"随机数与平均数"、"混乱与有序"、"宏观与微观"、"分合与治乱"、"执中与偏好"等的认知矛盾根源，并力求在普适基础上散发出理性的光芒。

科学是全人类的财富，理论是全社会的公器，它们与生俱来带有无私的精神和求真的品格。在科学海洋中徜徉、熏陶和思索的弄潮儿，个中的体悟远不仅仅只是为了幸福别人，从根本上说也是在幸福着自己。

"士不可以不弘毅，任重而道远。"

第二章 最少支付原理

Chapter 2　The Principle of Least Pay

人不能两次踏进同一条河流，但却总想一次踏进两条河流。

——作者学习笔记

第一节　最少支付公理性

所谓公理，是勿须证明也无法证伪并被广泛普适的定则，它具有统一性、简约性、公设性和真理性的品格。其成立的唯一凭借就是其真确性只能由结论的无可推翻并始终引为所有理性演绎的源头。

按照这个定义，最少支付原理在社会物理学中当属公理范畴。换言之，人们只能通过无数次试错方式后仍被检验无误，积累起对其作为公理的普遍认知。以此为准，在物理学史上，唯有质能守恒原理和最小作用量原理属于此类。由此获取判断的佐证，社会物理学所提"最少支付原理"无疑当属公理性的范畴。亨利·庞加莱（Jules Henri Poincaré）曾表达对"最小作用量原理"作为公理的认同，他说："作为普遍的原理，最小作用量和守恒原理具有极高的价值，它们是在许多物理定律陈述中寻求共同点时得到的，因此就仿佛代表着无数观察的精髓。"质能守恒和最小作用量两者互为前提，具有共轭和相协的特征，因此又被称为是"上帝的杰作"。

"最少支付"是社会个体和社会群体自我遵奉的第一原理。作为行为选择的下意识"元思考"，即以最小代价或最少支付获取最大收益、选择最短路径、减小机会成本、希冀一举实现多重目标……在数学表达上，它以求取两个函数 $f_1(x)$ 和 $f_2(x)$ 的共同解为特征，刻画出最少支付原理的抽象意涵；而且无论所求的这个共同解存在与否，以最少支付渴望求解的动机是永存的。

"最少支付"相当于物理学中的最小作用量原理。皮埃尔·德·费马（Pierre de Fermat）名言："自然界总是通过最短的途径发生作用。"莫培督（Maupertuis）又进一步阐明："自然界总是通过最简单的方式起作用。"阿尔伯特·爱因斯坦（Albert Einstein）也说过："我想知道上帝是如何设计这个世界的。"在不加任何外力或不受任何阻力条件下，寻求

$$\Delta \int z \mathrm{d}t = 0 \qquad\qquad (2.1)$$

公式(2.1)描述了作用量 z 积分的全变分 Δ 为零。在莫培督于 1744 年发表的学术论文中将此正式命名为"最小作用量"。

可以不加严格地表述：承认自然界中引力对于地球上任何物质，无论是生命体抑或非生命体，均具有显在或隐性的作用。就是说，存在于社会中的人，无论其知觉抑或不在意，重力总会随时对其产生影响。以此作为参照，有学者把最少支付原理比喻成人文世界中的"引力定律"，即人的行为选择总是自发地以最少支付为出发点，并时时处处受最少支付原理的支配，而不管被作用的人是有意的还是无意的。基夫曾将其称为"最小努力原则"。名称虽有变化，其实质都是物理学中"最小作用量原理"所表达的统一性和普适性，即承认这个法则表征了"最省力、最有效、最有利"的自发追求。

在莫培督将此正式命名为"最小作用量原理"之前，1662 年费马已应用简单的几何推演描述了光移动的最短路径，即他所称的"最短时间原理"。1696 年尼古拉·伯努利（Nicolaus Bernoulli）以变分形式的推演说明：两个点之间的运动轨迹，可能有无数条，其中只有唯一的一条花费时间最少、路径最短，其实质就对应了在两点间不同连线中存在着连续可微函数 $y = f(x)$ 并取其积分最小值的那一条，这一结论也称为在自然界中无外力作用条件下的自发追寻。

观察人文世界的各种活动和行为，所谓的"最少支付原理"始终对应着"极值"的存在，因此，该原理的数学形式带有普遍性，与公式（2.1）一致，表示如下

$$\delta Z = \delta \int L \mathrm{d}t = 0 \qquad (2.2)$$

式中，Z 被视为作用量，L 为拉格朗日函数即 $L(q, \mathrm{d}q/\mathrm{d}t, t)$，常常将 $L = D - V$（动能 D 和势能 V 之差为拉格朗日函数 L），δ 为变分符号。由此推出

$$\frac{\mathrm{d}}{\mathrm{d}t}\left(\frac{\partial L}{\partial \dot{q}}\right) - \frac{\partial L}{\partial q} = 0 \qquad (2.3)$$

式（2.3）为广义坐标 q 对时间的微商。在有经典热力学最高原理之称的哈密尔顿方程中，对于"最小作用量原理"的进一步描述形式是

$$\delta Z = \delta \int_{t_1}^{t_2} L(q, \dot{q}, t) \mathrm{d}t = 0 \qquad (2.4)$$

该形式是对公式（2.2）的同等描述，其实质并无二致，均是在拉格朗日函数 L 的基础上，在运动路径的起始与终结两个端点间取极值，以此求解所有可能轨迹 $q(t)$ 中最小值的那一条。在最小作用量公理性描述中，拉格朗日的贡献是引入了广义坐标，而哈密尔顿（Hamilton）又在此基础上引入了广义动量，使得力学体系由广义坐标和广义动量共同组成，并使两者获得在更深含义上的对称，形成所谓的"共轭变量"关系，推广并完善了对客体的能

量守恒、动量守恒等。本书更加关注这些描述对于最少支付原理的内涵理解。虽然社会物理学中最少支付原理已然超出了经典力学的范畴，但上述公式所刻画的本质则完全符合它的真正意涵。

第二节　费马最短时间启示

三百多年前费马在研究光的折射时，以"自然界总是通过最短的途径发生作用"作为出发点，对光在非均匀性的不同介质中传递，所经历的路径和所用的时间，通过普通的几何证明，给出了光路最小耗时原理的结论。

众所周知，光线在一个非均匀介质中的传播路径，必须考虑介质之间"折射率"的不同。光从一端(源)经过不同介质到另一端(汇)的传播路径长度，费马的证明指出该路径长度总是以所花费时间最短的那一条为唯一的选择，这当然完全符合最小作用量原理的表达(图 2.1)。本书引用了许良在《最小作用量原理与物理学的发展》一书中的叙述(许良，2001)，简要说明费马的几何证明：

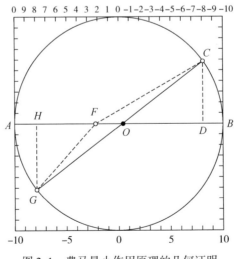

图 2.1　费马最小作用原理的几何证明

在图 2.1 中，AB 作为一条分界线，其上部分代表一种介质，下部分代表另一种介质，AB 是两者的明显界面。依照《最小作用量原理与物理学的发展》一书中的设定，AB 以上部分为光疏介质，AB 以下部分为光密介质，并先行定义在光疏介质中光的通过速率比在光密介质中光的通过速率高出 1 倍。即光从点 C 到点 G 沿着直线传递的路径是 COG，所用时间为（1/2CO+OG）=15，其依据是由于不同介质"通过率"的差异所引致的。如果令 CO＝OG＝10，OD＝OH＝8，OF＝1，可以很容易得出

$$CF = \sqrt{CD^2 + FD^2} = \sqrt{117} , \quad FG = \sqrt{GH^2 + HF^2} = \sqrt{85} ,$$

沿 CFG 路径所用时间是 1/2CF+FG＝14.628，计算结果小于 1/2CO+OG＝15（开始所假定的直线 COG 路径时所花费的时间）。

这个十分简单的证明，支持了物理学中的最小作用量原理。如果将这样的思路广延到社会环境中，也能得出这样的结论吗？

设定 1　社会中个体以生存、生理、心理、精神、权力、信仰区分为六个阶层。群体也将相应在以不同知识、智慧、财富、习俗、文化等的差异为基础，分为 n 个层级，每一个层级 $n_i (i=1, 2, \cdots)$ 对事物的认知和由此表现出的行为选择均有不同的感知性和推理性，这就具备了类似于光在不同介质中传播的折射路径、不同的折射率及其所花费时间进行比较时的共性基础。

设定 2　依设定 1，所定义的 n_i，即个体或群体的不同行为选择取向，具有类似于费马不同折射率（通过速率）的"社会认同度。"

设定 3　依设定 2，在具有阶层的社会中，物质能量从"源"到"汇"的传递与分配历程，必然存在一条最佳路径，即物质能量在其传递过程中，存在着唯一一条社会认同度损失最小或者说社会畸变度最小的路径，实质上就是在该层级所谓的具有普适性的"最少支付原理"。

设定 4　依设定 3，对这个最短路径的寻求即社会最少支付的实现，将

会为社会行为选择提供定量解释的入口。

从纯粹物理学中著名的费马最小作用量原理出发，为社会行为选择的认知寻求一个可以解释的最少支付规则，还需要克服两个重大障碍：

（1）费马最小作用量原理中，以上例所举，光学路径的证明只涉及两个明确的层次（光疏和光密两个不同光学介质的组合），而在社会物理学中所要涉及的社会阶层应有多个，如何在每个阶层中逐一寻优，并最终获取整体的最少支付，即寻找出全路径最短的社会传递，就必须对费马原理从二维向多维扩展并且使路径选择更精确化。

（2）费马只是依据光学折射率的差异，获得了光线所走路径花费时间最短的证明。但如何寻求这个"最短点"的确切位置，即图2.1中 OF（线段上）对于 F 点的精确定位，费马并未给出进一步的解释。用他自己的话说："我很容易获得了这一结论，然而有必要进一步作出研究。因为我认为这并不足以说明已经找到了像 F 那样的点。必须进一步找到那样一个点，它将使得光从 C 到 G 所花费的时间比之沿任何可能其他路径所用的时间都少。"

受到费马求证最小作用量原理启示，在社会最少支付原理的数学处理中，首先把图2.1单纯 n_1 和 n_2 的二相（二维）结构，扩展到从 n_1 到 $n_i(i=1, 2, \cdots, n)$ 多相结构下（多维）的最短路径寻求；同时在每一阶层 n_i 中，获得由于社会认同度差异所决定的最短路径数学解；最后还需将每一阶层上（n_i）的最优解（最短路径）纳入到整体 n 个阶层中在宏观判别下的整体寻优，以求得出社会最少支付原理的统一解。

第三节　社会最少支付

如上所述，为满足社会最少支付原理，使得社会组织在等级分布下的各阶层之间，表现出下一层对上一层的"社会认同度"差异（这相似于光路传播在不同介质界面上表现出的不同折射率)。以社会认同度的差异划分出的每一阶层都存在着与上一阶层在认同上的社会畸变，这样，假定把最上端的阶层 n_1，定义为社会认知最理性、最科学的源头，随着向下传递的层级越多，产生社会畸变的累积量也会越来越大。从社会最少支付原理出发，必须寻求出每一层级与上一层级传递过来的"思维、认知、信息、物质、能量"等所产生的社会畸变最小，即转换成从"源"到"汇"对于信息、物质、能量、传递损失最小、传递路径最短、消耗时间最少、畸变数值最低等一类表述，就构成了以社会管理成本的最少支付为标志的定量内涵。此处所定义"思维、认知、信息、物质、能量"等传递路径最短的公式可表达为

$$t_{n_1-n_2} = \frac{1}{\lambda}\int_{n_1}^{n_2} r \mathrm{d}_s \tag{2.5}$$

式中，t 为传递的时间；λ 为传递的速度系数；r 为 n_2 对 n_1 的社会认同度（取 $0 \sim 1$）。定义 $(1 \sim r)$ 为 n_2 对 n_1 的社会畸变度；s 为传递的路径长度。应用普适的变分法寻优。令

$$\delta_t = \delta\left[\frac{1}{\lambda}\int_{n_1}^{n_2} r \mathrm{d}_s\right] = 0 \tag{2.6}$$

由此获得从 n_1 到 n_2 的路径最短。最终能得到社会最少支付原理的概念方程

$$\sum_{n_1}^{n_i} \delta\left[\frac{1}{\lambda}\int_{n_1}^{n_2} r \mathrm{d}_s\right] = \min \tag{2.7}$$

在社会最少支付原理的讨论中，方程(2.7)与费马最小作用量原理相比，可以将传递路径的"介质"由两层广延到多层，简化起见，设计了一个三种不同社会畸变度(1，1.5，2.0)并分别位于三个维度(象限)之中，同时给定了起点 $C(8, 6)$，终点 $G(-8, -6)$，以及相应的传递路径。随着 F 在 OH 线上的移动，寻求出 CFG 在与 COG 直接传递路径进行时的趋优过程(最小值)(图2.2)。

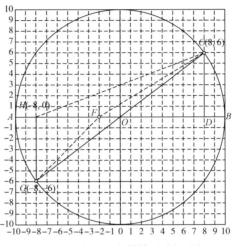

图 2.2　社会最小支付传递路径选择

在图 2.2 所设的 $CO = OG = 10$，$OD = HO = 8$，以及 $COG = 1/2CO + OG =$ $10/2 + 10 = 15$ 的给定条件下，随着 F 在 O 与 H 之间的移动，可以计算在 CFG 传递路径上，分别用二维介质法与多维介质法所寻求传递路径的最小值。特别指出的是，为了强调社会最少支付"优化点"的存在事实，在计算上相对忽略了一些不影响结论的细微差异，因此也可把计算结果视为寻优结论的第一近似值，这不影响对结论的真确性认识。

表 2.1 列出了费马二维介质和社会层级多维介质最少支付计算结果比较。

表 2.1　二维介质与多维介质下的最少支付计算结果比较

费马二维介质计算结果	社会多维介质计算结果
$F = [0, 0]:$	$F = [0, 0]:$
$CF = 10.000000$	$Fa = 0.000000$
$FG = 10.000000$	$Ca = 10.000000$
$CF/2 + FG = 15.000000$	$Ca/2 + Fa/1.5 + FG = 15.000000$
$F = [-1, 0]:$	$F = [-1, 0]:$
$CF = 10.816654$	$Fa = 1.201850$

费马二维介质计算结果	社会多维介质计算结果
$FG=9.219544$	$Ca=9.614803$
$CF/2+FG=14.627871$	$Ca/2+Fa/1.5+FG=14.828180$
$F=[-2, 0]:$	$F=[-2, 0]:$
$CF=11.661904$	$Fa=2.332381$
$FG=8.485281$	$Ca=9.329523$
$CF/2+FG=14.316233$	$Ca/2+Fa/1.5+FG=14.704963$
$F=[-3, 0]:$	$F=[-3, 0]:$
$CF=12.529964$	$Fa=3.417263$
$FG=7.810250$	$Ca=9.112701$
$CF/2+FG=14.075232$	$Ca/2+Fa/1.5+FG=14.644776$
$F=[-4, 0]:$	$F=[-4, 0]:$
$CF=13.416408$	$Fa=4.472136$
$FG=7.211103$	$Ca=8.944272$
$CF/2+FG=13.919306$	$Ca/2+Fa/1.5+FG=14.664662$
$F=[-5, 0]:$	$F=[-5, 0]:$
$CF=14.317821$	$Fa=5.506854$
$FG=6.708204$	$Ca=8.810967$
$CF/2+FG=13.867114$	$Ca/2+Fa/1.5+FG=14.784924$
$F=[-6, 0]:$	$F=[-6, 0]:$
$CF=15.231546$	$Fa=6.527806$
$FG=6.324555$	$Ca=8.703741$
$CF/2+FG=13.940328$	$Ca/2+Fa/1.5+FG=15.028296$
$F=[-7, 0]:$	$F=[-7, 0]:$
$CF=16.155494$	$Fa=7.539231$
$FG=6.082763$	$Ca=8.616264$
$CF/2+FG=14.160510$	$Ca/2+Fa/1.5+FG=15.417048$
$F=[-8, 0]:$	$F=[-8, 0]:$
$CF=17.088007$	$Fa=8.544004$
$FG=6.000000$	$Ca=8.544004$
$CF/2+FG=14.544004$	$Ca/2+Fa/1.5+FG=15.968004$

注：a 表示多维介质的结果。

在从费马二维介质广延到多维介质所进行的比较中发现，原先费马要寻求"最短路径"的精确定位，无论是二维介质还是多维介质，两者均存在某个特定的位置，此特定位点已由实证获得，而且在二维与多维条件下，路径选择最优点的空间位置并不一致，出现了值得讨论的现象：得出在二维介质条件下，最小值出现在距 O 点的远端0.625 附近；而在多维介质条件下，最小值出现在距 O 点的近端 0.375 附近，两者似乎恰好落入到黄金分割 0.382 ~ 0.618 区间两端的特殊位点上，这将对社会最少支付原理下的社会结构优化提供了重要依据(图 2.3)。

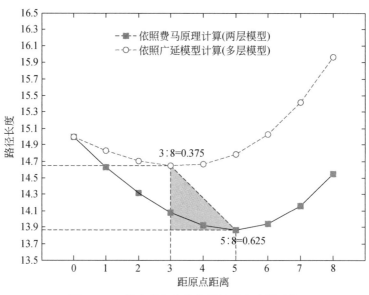

图 2.3 二维介质与多维介质的最少支付寻优

承认社会群体的复杂结构，并且以阶层的方式表达，承认"思维、认知、信息、物质、能量"等在 n 个阶层(具有不同的社会认同度)传递过程中，要想达到整体支付成本最少、社会认同度最高、组织畸变度最小、信息失真度最低，必须在每一阶层中都寻求出传递路径最短的唯一路径。进一步将每一阶层中传递路径最小值的空间路径依次连接起来，构成整体线段标志

从第一阶层 n_1 到最末阶层 n_i，整体上完成社会支付成本最少的求解（即寻求社会和谐程度最高、社会有效程度最好、社会行为选择成本最低）。计算结果还特别获得了在多维介质传递过程中最少支付点位的精确解。

第四节　偏好——最少支付的惯性

社会主体（个体或群体）对于最少支付原理而言，偏好的一种普通的表现形式是"下意识"的遵奉和追寻，而"偏好"则被理解成对这一原理的"惯性"表达。由于主体承接的文化基因和教育水平不同，使得个体在群体中的地位，可以被处理成不同时空下的密度分布以及对社会客观（理性）规则认知的偏差性，这些将导致产生"偏好"的能力和强度呈现不同的状态、类型和大小。

社会主体对各自的行为选择和目标实现（最少支付成本）的期望值，在获取最短路径或最省力气的同一空间内，必然发生互相竞争并由此产生类似"零和式"结果。理论上，对于竞争双方而言，服从普遍性的高斯分布，争取目标实现的行动选择中驱动了"偏好"的产生和维系，显然它可以理解成是最少支付原理的惯性意识衍生物。

两个社会主体 (i, j) 都有在争取最少支付的行为选择时与其相关联并形成偏好的认同可以用 $h(i)$ 或 $h(j)$ 表达函数描述。在真实世界的模拟过程中，每发生一次这样的迭代，例如将 $h(i)$ 依次减少同等的份额（1%），此后再进行下一次同样方式的模拟迭代，以期产生对以往偏好进一步坚持的信心。简化起见，可以写出

$$h(i) = 历经路径上（赢取次数-失败次数）$$

主体 (i) 与主体 (j) 在对立偏好情景下的坚持概率从 q_0 开始，对于高斯分布而言，在起始时刻主体 (i) 和主体 (j) 各自的 q_0 值都维系在均等的 0.5。实

验结果表明，其中某个主体赢取的次数越多，对继续坚持其"偏好"意愿的可能性就会越高，从而体现出作为最少支付原理的"惯性"特征。以 ε 作为随着迭代过程中偏好变化的描述，将能体现出称之为在初始总体概率分布相等状态下由于偏好影响在其后的"不平等度量"，即显示出偏好在获取实际利益后对强化最少支付原理的支持。这里有不平等度量(Q)

$$Q = \frac{1}{1 + \exp\{\varepsilon[h(j) - h(i)]\}} \tag{2.8}$$

在实验条件下，经过多次迭代模拟发现：首先从50%的初始状态出发（此时处于初始概率平等的状态），当数量小于32%的主体中，对偏好的效应不敏感，也不会感到不平等的存在，偏好性未能取得额外红利，即此时的参数 ε 趋向于0，表明偏好不产生对最少支付的影响；当数量大于32%的情形下，ε 有可能大于或等于0.25（≥ 0.25），表明对最少支付的偏好所获额外红利的选择有效，出现了由于偏好引发对结果获取更为有利的倾向（增大了最少支付的额外红利）。

式(2.8)中 i, j 双方偏好不像多次投掷骰子那样始终具有概率的平等性。这里 ε 的呈现并加入，将对最少支付原理的追逐产生更多额外的"红利"，说明往往在正常的最少支付中由于此种"惯性"的加入，可能获取额外的正向漂移，会使得真实社会中的主体倾向于坚持不懈地应用此类偏好的惯性，起到对其最少支付信心的"增强效应"。

在社会主体(个体或群体)中，偏好的普遍表现形式是倾向于在体系中争当有支配地位的"领袖"和"带头羊"，每个成员都十分希望其他成员能服从或趋同自己的想法或做法。所谓的"好为人师"、"不想当将军的士兵不是好士兵"等即为如此，这类偏好的实质也成为最少支付原理的又一表达形式。一旦成为"带头羊"或"领袖"，其他所属成员将会自动(或被动)付出自身一部分"负熵"归并于带头者，让其获取更大的支配权，达到追索最少支付的更高意愿。

偏好具有普遍性。每一个社会个体都有各自的偏好选择，都有使结果更加有利于自身(最少支付)的意愿，这个意愿呈现在社会群体之中，还会对独立个体的偏好意愿作出相应的调整。美国学者利奥·赫尔维茨(Leonid Hurwicz)在20世纪60年代，曾创立"规则设计理论"，提出了"真实显示偏好的不可能定理"，该定理是对于各具独立偏好的社会群体，在具有约束条件限制下，使得个体偏好实现完全满足帕累托最优配置的不可能性，即个体偏好同帕累托最优配置永远无法同时达到。在帕累托基本最优配置的语义下，要求每一个独立个体在获取偏好时不应以其他独立个体损失自己的偏好为前提。而真实世界中，一方面想要达到帕累托最优，另一方面又必然要求某些独立个体作出必要调整、牺牲或对偏好的让渡，这又必然背离帕累托最优。这种最终结果一定会导致在两难选择中走向效率与公平的妥协。于是，黄金分割原理在阐释最少支付原理中便脱颖而出。

第五节　黄金分割是最少支付的最优解

古希腊欧多克索斯(Eudoxus)首先提出了黄金分割，即把 L 线段分成长短两部分，令长段与整段之比恰好等于短段与长段之比。其后，在欧几里得(Euclid)著名的《几何原本》中，注意到欧多克索斯的首创，进一步系统解析了黄金分割，后人将其称为神圣比例或神圣分割。求解的方法之一也可以化为斐波那契数列中后位数与本位数之比逐渐收敛到某一近似值。近代数学家还分别以不同方法得出了同样的结果。例如，华罗庚就曾用代数法计算出黄金分割比率近似等于 0.618，使得黄金分割率与圆周率 π 和自然对数 e，并称为数学中三个内涵极为丰富并令人神思的特殊形态。

社会物理学对黄金分割的关注，不是在于对它的证明，而是更加集中地认为：在单一标准下的最少支付意愿，在追逐所定目标时可以是简单的线性逼近。实际上，一旦将其置于社会群体复杂关系的共同作用下，必然产生最少支付的"异构体"。该异构体一方面始终在最少支付"吸引子"的单一性笼罩下，另一方面还必然受到互相竞争、互为制约的牵制，总体上又必须服从守恒原理的控制，于是在熵值守恒原理的"天花板"效应下，真实的最少支付必然表现出对任性的追逐和对守恒原理制约下的妥协。此种情景下的最少支付原理对其最大化的追寻，才更能体现出最少支付原理的真实价值。于是，人文科学中公认的"中庸之道"、"椭圆理论"、"效率与公平"、"六边形规则"等，均强烈表现出在竞争条件下两大原理的共同作用下获取最少支付的最优解。由此，读者会意识到自然界中的雪花形状、蜂房形状乃至化学物质中苯分子结构等的出现。同时在日常涉及行政管理单元的边界划分和空间充填，也均体现出即使在无意识状态下最少支付原理所具有的公理性。

本书特别提出数学家莱昂哈德·欧拉(Leonhard Euler)在几何学构图中所获得的结果，他的结果将被用于回答处于双赢下的最少支付规则。欧拉首先提出两项假设：在任何一个欧氏平面中充填正多边形，要求充填后的结果既不产生各正多边形的互相重叠，又不出现欧氏平面上有未被充填的空白。欧拉的结论是

$$P = \frac{\Omega}{B} \tag{2.9}$$

式中，Ω 为围绕正多边形顶点的圆周角(360°)；P 为正多边形每一顶点所连接的边数；B 为该正多边形顶角的角度。可以看出：

对于正三角形，$B = 60°$，$P = 360°/60° = 6$；

对于正四边形，$B = 90°$，$P = 360°/90° = 4$；

对于正六边形，$B = 120°$，$P = 360°/120° = 3$。

经过严格证明后，得到了符合欧拉假设条件的正多边形只有三种：即正

三角形($P=6$，$P^*=3$)、正四边形($P=4$，$P^*=4$)、正六边形($P=3$，$P^*=6$)。其中 P^* 为该正多边形围成的边数(图2.4)。

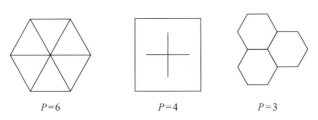

$P=6$ $P=4$ $P=3$

图2.4　欧拉定义下的正多边形

由此引出以下结论：

(1)等面积的正多边形与非正多边形比较：在欧氏平面中完全充填中正多边形比非正多边形更为有效、更加经济。例如，一个面积为 $1km^2$ 正四边形，从其中心到最远点的移动距离为 $0.707km$，周长为 $4km$。而与该正四边形面积完全相等下的矩形(非正多边形)，如其长边与短边分别为 $2km$ 和 $0.5km$(符合面积为 $1km^2$ 的约定)，但从矩形的中心到最远点距离为 $1.031km$(比正四边形多出 $0.324km$)，周长也从正四边形时的 $4km$ 变成 $5km$。由此，可见正多边形要比非正多边形支付更少的成本。

(2)在众多正多边形中，边数趋于无限大的极限即为圆。这个与各正多边形等面积的圆，在"最少支付"上的考虑肯定是最少和效益最高的，因为在等面积的图形中圆的周长最短，而且从中心到边沿的距离(半径)随处都相等且最短。计算表明，一个正四边形的"最少支付"与等面积圆的"最少支付"相比要高出50%，已知等面积下的正多边形其边数越多就越接近圆，所支付的成本也将越来越少。计算指出，一个等面积的正十边形将能达到等面积圆"最少支付"的90%。

(3)虽然等面积下圆的"最少支付"最小，但却不符合欧拉规定在欧氏平面中完全充填的两项假设。而符合假设条件下，唯有正六边形具有特殊意义。其特殊价值在于它既符合完全充填的假设，又比其他可完全充填的等面积正三角形和正四边形更加接近于等面积的圆，因而能比它们获取更优的支付效果（最少支付）。这是由于在符合假设条件下唯有的正三角形、正四边形和正六边形，既要符合假设条件又能最接近圆的最少支付，唯有正六边形（图2.5）。因此，近代德国地理学家瓦尔特·克里斯塔勒（Walter Christaller）以此建立了"最佳区位论"（也称"中心地理论"）。这在德国南部的一些中学里，至今还以六边形图案纪念这位科学家。

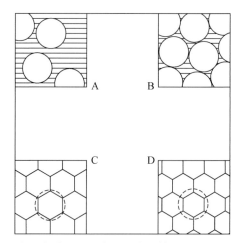

图2.5　在一个欧氏平面中所包容的等面积的圆和正六边形

A. 圆的非完全充填（不符合假设）　　B. 圆的完全充填（不符合假设）

C. 正六边形的完全充填　　　　　　　D. 与圆非等面积正六边形完全充填（不符合假设）

正六边形的这种既能满足完全充填假设，又最接近圆的最少支付，这种双重特性使其在现实社会行为选择的两难式妥协中，成为"一次踏入两条河流"的最少支付追索的最佳体现，具有现实的整体性优化。在几何性演示的诠释中，在三种满足假设条件下的等面积正三角形、正四边形和正六边形同时获取"最少支付"的比较中，必然会归结为对正六边形的格外重视。有如下计算：

（1）等面积下的正三角形、正四边形和正六边形，分别获取的"效率"红利，被设定为等面积下的各正多边形的周长与圆的周长之比：

正三角形的边长 $=1.52$，周长 $=4.56$；

正方形的边长 $=1.00$，周长 $=4.00$；

正六边形的边长 $=0.62$，周长 $=3.72$；

等面积下的圆的周长 $=3.54$；

如假设正三角形所获的"效率"红利 $=0$；

正方形所获的"效率"红利 $=0.158$；

正六边形所获的"效率"红利 $=0.226$。

结果表明，正六边形与等面积的正三角形相比，多获取的"效率"红利为 22.6%。

（2）等面积的正三角形、正四边形和正六边形，分别获取的"公平"红利，设定为从图形中心点到边长最远端的距离与等面积下圆的半径相比：

计算等面积多边形在欧氏平面中完全充填时可能造成的"浪费"，表达对于"公平"的损失。

圆只能充填 0.785（相对浪费空间 0.215）；

正六边形获"公平"红利 $=0.4903$；

正四边形获"公平"红利 $=0.6075$；

正三角形获"公平"红利 $=0.7451$。

事实上，由于上述三类正多边形均可完全充填，从本质上它们在"公平"红利上具有同等的度量，只是由于在相同欧氏平面中完全充填时所能容纳不同正多边形的数目上存在差异，造成以上数值的不同。相对于正三角形与同等面积的圆相比，其"公平"红利比等面积下的正六边形提升了。在更大的欧氏空间中，正三角形、正方形和正六边形均能满足全部充满等面积圆充填时所留下的"真空"，从而三种符合假设条件正方形的"公平"红利可以从直接获得的数量中扣除某个比例，对于正三角形和正四边形而言，应当和正六边形同样，各自扣除掉0.1250的共有"公平"红利，于是

正三角形的实际"公平"红利=0.7451−0.1250=0.6201；

正四边形的实际"公平"红利=0.6075−0.1250=0.4825。

（3）等面积下正六边形与圆相比，获得的"公平"红利则为两个部分之差。其一是直接获取的"公平"红利0.4903。其二是完全充填满足条件下，从正六边形扣除掉分摊的多余"公平"红利0.1250。最终获取的"公平"红利是0.3653。

（4）等面积下正六边形所获"效率"红利+"公平"红利为

$$0.2260（"效率"红利）+0.3653（"公平"红利）\approx 0.5913$$

其中：正六边形的"效率"红利占总红利之比：$0.2260\div 0.5913\approx 0.382$；正六边形的"公平"红利占总红利之比：$0.3653\div 0.5913\approx 0.618$。

（5）计算表明，等面积下的正六边形在"效率+公平"总红利中，恰好处于黄金分割的两个节点上，即0.618和0.382。

（6）"效率+公平"的总红利为

正三角形：$0+0.365\approx 0.365$；

正四边形：$0.158+0.365\approx 0.523$；

正六边形：$0.226+0.365\approx 0.591$。

由此也可以推算出：

正六边形的总红利是正三角形的：$0.591\div 0.365\approx 1.618$；

正六边形总红利是正四边形的：$0.591\div 0.523\approx 1.130$。

一个新的问题是：在欧几里得平面中的图形充填，如果换成是非正多边形（任意多边形）会有什么结果？实验统计表明，它们同样遵循正六边形规则下的最少支付原理。哈盖特曾经从巴西行政区划约2800个单位（相当于中国的县一级）中，随机选取100个，分别统计每一个行政单元与周围同级单

位的邻接数目，最后统计结果是：每一个行政单元平均与周围的 5.71 个相邻。

丹麦学者亚历山大·佩迪森(Alexandria Pendison)认为哈盖特所取样本数目不够多，于是他取了 553 个相同级别的行政单元，统计结果发现每一个行政单元平均被 5.83 个相邻接。

牛文元感到还可以用更多的实验样本去认识六边形规则的最少支付，于是在中国将近 3000 个县级行政单元中选取 1100 个，依照相同的方法，统计出每一个这样的行政单元的周围邻接单元数目。在随机取样中，行政单元邻接中最少的有两个行政单元包围 1 个，最多的有 16 个单元包围 1 个，而最终统计的平均结果是，在中国每一个县级行政单元周围平均的邻接数为 5.86 个。可以看出从哈盖特 100 个样本中每一个行政单位周围平均邻接数为 5.71 个，到佩迪森取 553 个样本时每一个行政单位周围平均邻接数为 5.83 个，又到牛文元取样本 1100 个时每一个行政单元平均被 5.86 个所包围。十分明显，选择的样本数越多，平均包围一个相同行政单元的数目越接近于 6。这正是在不知不觉之中，人类"下意识"遵从最少支付原理所获得的实证结果。以下列出中国 26 个省、自治区(未包含海南、重庆、北京、上海、天津和香港、澳门、台湾)中每个县级单元平均邻接数的统计表(表 2.2)。

表 2.2 的数据表明，在完全无主观意识下所进行的经验型县级行政区域划分，不自觉地遵从了最少支付原理中对于黄金分割认同下的六边形规则。这种实证结果对于最少支付原理的统计表达，其内在实质表明了：人们在行政管理中自发地趋向于管理成本的最少支付，获取最大的管理效率和最低的管理成本。表 2.2 所列的统计结果，充分表达出此种公理式的自发性意愿，成为在社会系统中行政管理最少支付的天然烙印。

表 2.2　中国 26 个省(自治区)中每个县级行政单位的空间充填平均邻接数

地区	平均邻接数	地区	平均邻接数
黑龙江	5.907	河南	5.923
吉林	5.750	湖北	5.951
辽宁	5.900	湖南	5.800
河北	5.915	广东	5.960
山西	5.815	广西	5.925
内蒙古	5.850	陕西	5.896
山东	5.950	甘肃	5.600
江苏	5.850	宁夏	5.440
安徽	5.850	青海	5.807
浙江	5.740	新疆	5.985
江西	5.950	四川	5.933
福建	5.900	西藏	5.867
贵州	5.816	云南	5.933
全国总平均	5.861		

第三章 主流疲劳原理

Chapter 3 The Principle of Mainstream Fatigue

> 人的本质就在于他的意志有所追求，一个追求满足了又重新追求，如此永远不息。
>
> ——叔本华

第一节 何谓主流疲劳

主流疲劳被认为是：在获得性满足后归于平凡，自发产生了对已达目标的坦然和当初追逐激情的丧失，但且同时对显见或隐匿的新设定目标产生出向往或仰望。

主流疲劳是社会行为取向、社会行为选择与社会进步演化的基础动力，也是在不加外力条件下社会行为走势的必然路径。在人类传承的经验或格言中，譬如"身在福中不知福"、"这山望着那山高"、"七年之痒"、"从热情满怀到归于平淡"，在夏日酷暑中会期待冬天的"凉爽"，而在冬天的严寒中又会想念夏天的"温暖"。伊万·安德烈耶维奇·克雷洛夫寓言曾讲过《杰米扬的汤》，这些均道出每一个社会成员对熟知的、确定的、已争取到的、不再含信息量的、归于平凡式的现状，会随着时间的推移而逐渐被"漂白"，失去激情，心生淡漠，代之而又去寻找新的目标，新的仰望和新的刺激。一旦这后一个所谓新目标被满足，又会随着时间的继续推移，产生重复性、周期式的丢弃感和对更加新设目标的追逐梦。如此周期性（螺旋式）循环向上，构成了整个社会行为谱中不断的"主流疲劳"和不断的"求新求变"。

主流疲劳在积极意义上自发地催生着创新和进步，在消极意义上可能对已有的优秀积累（有益经验）的丢弃或丧失，甚至对包括已获真理的不屑或厌恶。上述积极和消极两者总和的"净值"，构筑了现实社会情景中随时间的无休止变动，也记录着人类历史的整体演化进程。主流疲劳可以成为社会变革的动力学解释，它助推着对最少支付的任性或执著，成为人类行为中特有的主观走向和对已有最少支付阈值的新突围。

面对周围自然环境无时无刻对生命负熵的剥蚀与同化，总体上主流疲劳的实质是生命产生与延续的本能。恒常不变且锲而不舍施予生命的损害性熵增，对生命负熵的绝对耗散以及对生命秩序被同化的宿命，形成了生命最终归于自然的总趋势。生命只有通过主流疲劳的再造，才能不断注入新的负熵以抵御被"最终均衡"的情景，因此主流疲劳在积极意义上也成为社会系统维系自身的本能。

在物理学意义上的解释：凡是超出整体宇宙环境平均水平的任何"熵减"最终被"热寂"是绝对的，环境总熵水平必然顽强地对所有低于它的"生命熵"加以削平并最终达到完全同化的熵均衡。而具有生命特质的社会粒子唯有通过不断注入负熵的动力学机制，以主流疲劳的形式显示出独立抗争外部环境"夷平作用"并追逐负熵水平的不断更新，从而与外部的"夷平作用"相对立，显示出主流疲劳原理存在的实质。

在信息学意义上去加以解释：主流疲劳是一个周期性的渐进螺旋式过

程。从初始时对所定目标的"忘我"追求，到实现目标之后因熟知而归于平凡和懈怠，由此又会进入下一个追逐新设目标过程的相似轨迹，显示出主流疲劳原理所具有对"不确定性"认知的基本历程。在追逐新设目标的初始阶段，由于对目标函数存在着众多的不确定性，期望值很高，信息量很大，主体对实现目标的热情会很高，而一旦目标实现后，不确定性消失，所含有的信息量趋于0，此时的主流疲劳趋近于1，显示了实现所追逐目标后的引力变小、斥力加大。只有在设定下一个新目标后，又会重新燃起新的引力和继续追逐新的不确定性减小的热望。

社会环境下主流疲劳随时间的分布，小尺度规定为 0 ~ 10 年，中尺度规定为 0 ~ 100 年，大尺度规定为 0 ~ 1000 年，其中小尺度代表着人日常行为选择轨迹中常见的经验。中尺度表征着人在一个生命周期内的行为选择轨迹。大尺度则表征了社会历史变迁的行为选择轨迹。尽管时间的尺度不同，但是主流疲劳的过程形态、路径和内涵表达，具有高度一致的相似性与"各态历经"的属性。

以社会个体存活的不同时段为例，随着年龄、能力、知识和智慧水平的变化，在主流疲劳作用下不停歇地新陈代谢，即对已有的熟稔与满足以及对新目标的向往与追逐，可被统一地依图 3.1 加以表达。

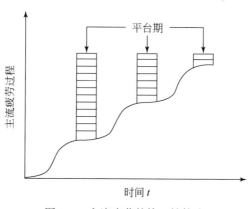

图 3.1　主流疲劳的统一性轨迹

第二节　主流疲劳的逻辑斯蒂解析

社会个体行为对目标追逐的轨迹由盛到衰、从强到弱、从活力充盈到日暮西山的周期性变化，反映了主流疲劳原理的普遍相似性推移。

社会中任何一个个体对设定行为选择目标的坚守强度普遍遵守从积极到保守再到螺旋式更替的共同规则，呈现出类似于出生阶段、积极生长阶段、停滞生长阶段、衰退死亡阶段的全过程。这个周期性过程明确无误地体现了对主流疲劳历程的整体阐释。由生命周期变化所显示的主流疲劳，其本质可以认为是生命体从环境中汲取负熵能力增大的同时，伴生着阻滞和抵抗的能力亦随时间在增大，这两种能力的消长随时间变化的综合表现，一直到两者强度到达某个"等当点"时，积极追索或强力坚守的趋势发生逆转，逐渐显现出"主流疲劳"的特征。这也就意味着形成构建主流疲劳"平台期"的起始点。

一个生命体在初始时刻 t_0 对主流目标的追逐能力设为 w_0。它作为"原始资本"并具有汲取负熵能力的强度速率 r，它们共同直接控制着主流目标追逐能力随时间的变化，且遵循

$$r = \frac{1}{w} \cdot \frac{\mathrm{d}w}{\mathrm{d}t} \tag{3.1}$$

公式(3.1)最早由菲尔特·布莱克曼（Filter Blackman）提出。当时他从绿色植物光合作用速率入手研究生物量随时间增长时提出了该表达式。将公式(3.1)对时间积分，就有

$$w = w_0 \mathrm{e}^{rt} \tag{3.2}$$

在真实的主流疲劳路径上，汲取负熵的强度速率不可能永远是恒定的常数，而是随着规定尺度下的不同时期，汲取负熵的强度速率存在着规律性的

变化，于是对应着公式(3.1)有

$$\frac{1}{w} \cdot \frac{\mathrm{d}w}{\mathrm{d}t} = r(t) \tag{3.3}$$

将 r 换成 $r(t)$ 表示汲取负熵的强度速率不是常数，而是随时间变化的参数。如果在宏观上将 $r(t)$ 分成不同的时段，将会有

$$w = w_0 \exp\left(\int_{t_0}^{t_i} r(t)\,\mathrm{d}t\right) \tag{3.4}$$

式中，$t_i(i=1, 2\cdots)$ 代表一个主流疲劳周期过程中的不同时段。

在真实生命过程中已被证实的是，生命体汲取负熵能力及相应阻抗汲取负熵能力之间随时间的变化，在不同的生命周期时段是不同的，汲取能力和阻抗能力两者达到"平衡点"之前，汲取负熵能力大于阻抗能力。而在过了"平衡点"之后，阻抗能力大于汲取负熵能力。由此，主流疲劳原理十分关注对汲取负熵能力的这个阻滞系数(阻抗能力)，如果阻滞系数用符号 b 表示，将有以下的一般表达形式

$$\frac{\mathrm{d}w(t)}{\mathrm{d}t} = (r + bw)w \tag{3.5}$$

式中的 bw 可理解成主流疲劳随时间所产生的疲劳强度系数，当然也可称为对汲取负熵能力的阻滞因子。

主流疲劳原理的基本要点强调：在周期转换中所涉有关参数具有明确的物理学意义，并可以理解成是对生命体汲取负熵的同时又存在阻滞能力对生命过程施加"干扰"程度的测量。由此，对公式(3.5)的宏观含义以及其所包含的各个参数的理解，既涉及生命本身的特性，也涉及从环境中汲取负熵的影响因子。这样的一个方程，可能用来解释在所有尺度下，主流疲劳过程的机理以及它在社会发展中的整体价值。由此去理解各个尺度下的主流疲劳原理，应特别关注阻滞因子随时间的"成长"以及在整个主流运行过程中所显现出的宏观结果。依照前述，生命体在初始时刻 t_0 时的 $w = w_0$，则各个尺度

下主流疲劳原理的方程可以表达成

$$W(t, \varepsilon) = W_0 \exp\left\{\int_{t_0}^{t_i} [r(\xi) + \varepsilon] \mathrm{d}\xi\right\}$$

$$= W_0 \left\{\exp\left\{\int_{t_0}^{t_i} [r(\xi)\mathrm{d}\xi]\right\} \exp\left[\int_{t_0}^{t_i} \varepsilon\mathrm{d}\xi\right]\right\}$$

$$= W_0 \mathrm{e}^{\varepsilon t} \exp\left\{\int_{t_0}^{t_i} r(\xi)\mathrm{d}\xi\right\} \tag{3.6}$$

式中所引入的 ε 代表着对 w 随时间过程变化中"被疲劳"或对生命体汲取环境负熵流能力的阻滞程度(相当于式(3.5)中的 bw,只是为解析方便而设),它在函数上的表现为对原指数成长曲线的改变程度。t_i 中的 i($i = 1,2,\cdots$)代表在各个不同尺度时段内的间隔划分,即从 t_0 到 t_i 时段内更小的时间分割取值。这里视 ε 为主流疲劳过程的阻滞强度,也被称为与 r 共生的反向干扰因子。ε 的积累代表了在不同尺度下施加在主流成长线上的"疲劳度"。对各尺度下主流疲劳的整体描述,需视干扰因子 ε(限制因子、阻滞因子、疲劳因子)的大小,而且 ε 总是与 r "如影随形"地共同作用于 W,标志着主流疲劳原理存在的可计量性。疲劳程度对在各种尺度下的作用强度大小,还必须通过一般意义上 的"灵敏度"检验作出判断:

$$C(t) = \lim_{\varepsilon \to 0} \frac{W(t,\varepsilon) - W(t)}{\varepsilon}$$

$$= \lim_{\varepsilon \to 0} \frac{W_0 \mathrm{e}^{\varepsilon t} \exp\left\{\int_{t_0}^{t_i} r(\xi)\mathrm{d}\xi\right\} - W_0 \exp\left\{\int_{t_0}^{t_i} r(\xi)\mathrm{d}\xi\right\}}{\varepsilon}$$

$$= \lim_{\varepsilon \to 0} \frac{W_0 \exp\left\{\int_{t_0}^{t_i} r(\xi)\mathrm{d}\xi\right\}(\mathrm{e}^{\varepsilon t} - 1)}{\varepsilon}$$

$$= \lim_{\varepsilon \to 0} W(t)\left[\frac{\mathrm{e}^{\varepsilon t} - 1}{\varepsilon}\right] \tag{3.7}$$

当 $\varepsilon \rightarrow 0$ 时，式中的分子分母均为0，其极限似乎不能作出确切的判断。此时可以应用洛毕达法则，即对分子分母求出的一阶导数极限，即被视为原分子分母的极限。如果对 $(e^{\varepsilon t}-1)/\varepsilon$ 的分子分母分别求一阶导数，得出 $te^{\varepsilon t}$，此时如取 $\varepsilon \rightarrow 0$，其极限值为 t 被认为是应求的极限，代入公式中有

$$C(t) = \lim_{\varepsilon \to 0} W(t)\left[te^{\varepsilon t}\right]$$
$$= tW(t) \tag{3.8}$$

公式(3.8)表明，对于 $W(t)$ 随时间变化的同时那个对主流疲劳的干扰因子(疲劳度)，同时间的经历长度有关，当然也与生命体从环境中汲取负熵的能力有关。这种数学上的解析和几何上的显示，已经明确指出：在不同尺度下一个生命体的主流疲劳是随时间的变化与该生命体所具有的对负熵汲取能力以及伴随负熵汲取能力时的阻抗此两者随时间的消长有关，由此刻画出在不同尺度下(代际转换)的主流疲劳原理(图3.2)。

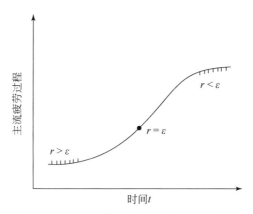

图3.2　主流疲劳原理的三个基本特征区

第三节　主流疲劳"平台期"的起点

在主流疲劳的主导方向上，存在着两种相抗衡的力。一是在宏观和总体

上，熵值守恒原理从根本上控制着主流疲劳的走向和终点；二是在微观上，主流疲劳产生的同时，对于过往的保留和承认、遗产的珍惜和继承，都会使主流疲劳走势形成某种程度的"反作用力"。主流疲劳走势在两种力的对抗下，如何寻求两者之间的平衡，即找到所谓开始形成平台期起点的"拉格朗日点"，就成为主流疲劳原理在现实中走向平台期的关键。所谓的"平台期"，即指从拉格朗日点开始，直至为下一新目标启动的那一段主流疲劳历程。

社会个体或群体行为轨迹的系统性反映，集中到坚守目标强度的走势与弛豫、阻抗、损毁该强度能力的消长转换，对这种转换的"平衡点"或"等当点"，直到对下一新目标的启动，就是对刻画主流疲劳原理所定义"平台期"的起点发动。对"平台期"严格的理论解释是社会物理学近年来始终追索的又一难点。所谓"等当点"（"平台期"的起始）发生在社会物理中被称为主流疲劳的"拉格朗日点"，就是找出"坚持主流与背弃主流"两者相反的力的平衡点。在该点上，对于积极维系主流的力与消极疲惫下开始向另立新目标的力，刚好达到势均力敌的境地。此前，参与系统建构的主流动力，不断继续发生疲劳，使得"解构力"等于"建构力"，并由此开始，阻抗作用下的"解构力"超出了"建构力"，随着主流疲劳的强度加大并表现出为下一个新目标选择的出现而逐渐增强。

对主流疲劳进程中"拉格朗日点"的一般定义是：两种"选择、追求、弛豫、坚持"的形态、结构、梯度，所表现出的广义平衡。

以图3.3为例，简要说明两种相抗衡的力（"解构"与"建构"）达到均衡时的线性分析，以此阐释主流疲劳原理中代表"平台期"开启时刻的"拉格朗日点"。

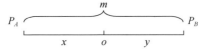

图3.3 "建构"与"解构"两种力均衡分析

在图 3.3 中，P_A 代表"坚守"主流的目标意愿；P_B 代表"抗拒"主流的疲劳意愿；x 表示在维系主流稳定条件下的发展尺度；y 表示抗衡主流或弃置主流条件下的发展尺度；m 表示 P_A 与 P_B 共同表达在现阶段可供竞争选择的空间域；O 表示 P_A 与 P_B 平衡下所求取的"拉格朗日点"。在主流进程中，代表"建构"力与"解构"力达到平衡时的"拉格朗日点"，成为识别主流疲劳原理在对抗中表现的转折情景。对 P_A 到达"拉格朗日点"的描述是

$$x = \frac{1}{2}\left\{ m\left[1 + \frac{P_B - P_A}{P_B} \right]^{\left(\frac{\alpha-\beta}{\alpha}\right)} \right\} \tag{3.9}$$

式中，α 表示对选择"主流建构"的偏好度（惯性系数）。同样，β 表示对选择"主流解构"的偏好度。对 y 而言同样有

$$y = \frac{1}{2}\left\{ m\left[1 + \frac{P_A - P_B}{P_A} \right]^{\left(\frac{\beta-\alpha}{\beta}\right)} \right\} \tag{3.10}$$

可以看出在规范化意义上，只有当 $P_A = P_B$，$\alpha = \beta$ 时

$$x = \frac{1}{2}m = y \tag{3.11}$$

此时所在的 O 点即为所求取主流疲劳原理中的"拉格朗日点"。到达"拉格朗日点"时，实际表现即为构建主流疲劳的"平台期"开始，此后保持主流稳定或者显现主流疲劳的前景取决于随时间变化这两种力作用的第二阶段，即可能出现建构主流的进程随时间变化小于零，而解构主流的进程随时间变化大于零。

$$\frac{\mathrm{d}P_A}{\mathrm{d}t} = r_1 P_A \left(1 - \frac{P_A}{m} - \beta \frac{P_B}{m} \right) < 0 \tag{3.12}$$

$$\frac{\mathrm{d}P_B}{\mathrm{d}t} = r_2 P_B \left(1 - \frac{P_B}{m} - \alpha \frac{P_A}{m} \right) > 0 \tag{3.13}$$

式中，r_1 与 r_2 分别表示 P_A 与 P_B 达到"拉格朗日点"时的灵敏度。此时，若假定维持主流的偏好 α 与坚持疲劳的偏好 β 都保持不变。

$$\alpha = \left[\frac{\left(\dfrac{dP_B}{dt} \cdot mP_A\right)}{r_2 P_B}\right] - \left(\frac{m + P_B}{P_A}\right) = 0 \qquad (3.14)$$

$$\beta = \left[\frac{\left(\dfrac{dP_A}{dt} \cdot mP_B\right)}{r_1 P_A}\right] - \left(\frac{m + P_A}{P_B}\right) = 0 \qquad (3.15)$$

在主流疲劳"拉格朗日点"的开始整体寻求过程中，会出现三种情况的预期后果：

$x > y$，主流继续，未进入主流疲劳的"平台期"；

$y > x$，产生疲劳，开始进入主流疲劳"平台期"并逐步加剧；

$x = y$，建构与解构势均力敌，显现出两者在"平台期"临界交换处的对抗与博弈，继续进行互为争夺的胶着期。

此时，若继续保持 $dP_A/dt = 0$、$dP_B/dt = 0$、$(\alpha-\beta) = 0$，获得了主流疲劳"平台期"的起始点。

第四节　主流疲劳与社会质量

社会质量是衡量社会个体与社会群体有序性保持和整体维系负熵能力的标志，也是显示社会进化能力和最少支付增强能力的基本依据。同样在主流疲劳作用下，新设定目标汲取负熵能力将会显著增大并形成优于原有系统的有序性标识。评定社会质量优劣的统一标准可从以下要素获取：

（1）维持社会质量"外力约束"的合理性。它反映出社会系统的完善程度和社会成员对外力约束的认同程度和承受程度，同时还取决于制定社会规则者的智力水平和实施社会规则时的执行水平。

（2）维持社会质量"内力组合"的有效性。它反映认同社会体系和社会结构的完备程度，同时也反映出对社会文明传承与革新的思辨能力和创造活力。特别关注主流维持或主流疲劳的渐进式智慧选择。

（3）社会个体与群体在处理二元约束函数中的黄金分割意识和掌控能力。社会二元约束函数包括共同遵从两个"共轭"高地的博弈：一方面必须承认社会等级和社会分化产生和存在的必然性与和合理性，并且始终鼓励社会成员在能量转型中所产生的不断"跃迁"，承认英雄、诗人、科学家和精英分子的荣耀和创造性劳动的功绩，顺从和激发人人向上、敢为天下先的自发式动力（即承认生命体原始基因中的先天性存在特质）。另一方面又必须承认人文关怀中的"生而平等"、"发展共享"和"公共服务均等化"，人人都必须享有共同的文明成果，以及权利和财富必须朝着处在"社会塔基"、能量基态、数量庞大的草根群体流动。以上两者构成了十分强调"效率与公平"之间的同在、矛盾与均衡。因此，处置两者之间黄金分割的能力和艺术，是主流疲劳的进程、强度和韵率在塑造社会质量上的本质体现。

（4）社会既包含具象的财富和实物，也包括具有支配物质能量水平的能力和权力，同时还必须包括抽象的幸福、满足和精神文明体系的心理塑造。物质与精神的平衡，现实与理想的结合，常被看做是社会质量的内在要求。

（5）欲望表达的强烈程度，社会系统的层级水平，社会结构功能的科学匹配以及社会整体的和谐态势，则被看做是社会质量的外在识别。

以上五点，可以看出社会质量的判定，具有广泛综合的和普适的意义。必须指出，社会质量不仅仅是针对时间序列的比较，而且还要考虑空间分布上的比较。依照物理学中常有的宏观推定：在同一空间中不同时间序列下的社会质量图谱，常常能在同一时间序列下不同地理空间社会质量图谱中寻找出互为对应的关系，这种规定条件下"各态历经"的成立亦是社会物理学中的普遍现象。至此，社会质量的可比性与可测性，将可在统一比较基础上获取共有的定量描述。

社会质量在社会物理学定义下的最终取值，必然求取在动态条件下的有效性、有序性和有恒性，并以距离稳定性的远近，表征社会质量的优劣，这种内在表达的数量获取，突出了通过主流疲劳过程所反映的社会质量数量概念和动态意义下的比较概念。

（1）处于平衡状态假定下：作为社会系统的运行，直接观察变量输入与输出之间的比率，以及系统内部物质流、能量流的转换速率，均处于定常状态，将会获得社会质量的较高评分。但要时刻警惕平衡的走向与平衡的破裂。

（2）处于平衡状态的假定下：当外界扰动社会系统时，如其扰动强度在规定阈值之内，判定为社会质量优的系统可以被自身所具有的缓冲能力或抗逆能力化解。

（3）处于平衡状态的假定下：社会系统中各组成要素或成分间的结构与功能，当处于优的状况时，系统的互补能力强，表达完备，所能汲取的负熵流满足系统耗散的要求，从时间演替的角度去观察，系统持有的负熵具有质的稳定性。

（4）处于平衡状态的假定下：只有当外力扰动强度超出系统弹性恢复能力之时，显示出该社会系统的平衡结束，即将从一种状态渐变式或突变式地进入到一个新的平台期，开启并宣示社会平衡在该阶段的终结。

社会质量的标定还意味着主流疲劳从一阶段迈入另一新的阶段。只要新阶段的负熵汲取能力或维系能力超过原阶段的水平，意味着社会质量的提升。这里需要解释的是，社会平衡的破坏并不总是不利的，关键要看新的社会平衡对社会质量的贡献，或者理解成对社会系统负熵流的提供处于何种水平。人类历史文明的进步，其实质就是在主流疲劳支配下，不断提升汲取负熵的能力或水平，不断打破旧的平衡实现新的平衡中获取的，其本质体现在汲取负熵的能力和水平随时间稳步地提升。

（5）如以 $B(t)$ 表示某一时段（t）社会系统摄取的平均负熵水平，它随时

间的变化为零或处于某个规定的阈值 σ 之内, 则对社会质量的判别可以写出

$$
\begin{cases}
B'(t) = \dfrac{B(t+1) - B(t)}{\Delta t} = 0 \text{ 或在 } \sigma \text{ 之内, 表示社会处于平衡态;} \\[4mm]
B'(t) = \dfrac{B(t+1) - B(t)}{\Delta t} > 0 \text{ 或超出 } \sigma, \text{ 表示非社会平衡, 预示社会} \\
\qquad\qquad\qquad\qquad\qquad\quad \text{系统将向更好的质量演化;} \\[4mm]
B'(t) = \dfrac{B(t+1) - B(t)}{\Delta t} < 0 \text{ 并在 } \sigma \text{ 之外, 表示非社会平衡, 预示社会} \\
\qquad\qquad\qquad\qquad\qquad\quad \text{系统将向更差的质量演化}
\end{cases}
$$

如果 $dB(t)/dt = 0$, 是主流疲劳进程达于平衡下的社会质量基态。如欲进一步提升社会质量将应

$$
\begin{cases}
\dfrac{dB(t)}{dt} > 0 \\[3mm]
B(t+1) - B(t) > 0
\end{cases}
$$

它表示逐次从一个阶段进入下一个阶段时, 社会质量提升。如果重复这样的过程, 演示了人文世界向更好的方向迈进。

社会质量的动态演化, 说明"主流疲劳"理论在演替过程中的社会映射。它显然带有两面性, 可能促使社会质量更优, 也可能使社会质量倒退。由于主流疲劳总是在助推最少支付原理下得到最佳的宣示, 总趋势必然是朝着社会更文明、系统更完善、治理效率更高、黄金分割更精准、最终体现汲取负熵水平更高的方向演进。

第四章　熵值守恒原理

Chapter 4　The Principle of Entropy Conservation

新陈代谢中本质的东西，乃是使有机体成功地消除了当它活着时不得不产生的全部的熵。

——薛定谔

熵值守恒原理被表述：一个社会系统中所摄取的总负熵，必然等于该系统社会粒子转化成"体能、技能、智能、良能和权能"的总和。而每个社会粒子所萃取的负熵，又必然对应于该粒子在社会层次中的能级位置。即从环境中吸取的负熵等于被耗散的负熵值及其在系统内部的负熵值改变。

普朗克十分赞赏并引用玻尔兹曼的熵见解，他亲自将此成果冠以玻尔兹曼之名。普朗克认为，玻尔兹曼把熵的本质扩展到一个更加广阔的领域，已然超越宏观热力学的范畴。玻尔兹曼一生也为他的这一突破性见解感到骄傲，以至在其墓碑上唯一地刻上了"玻尔兹曼熵"的公式形式，传为物理界的佳话。

$$S = k \log W \tag{4.1}$$

式中，S 为熵值；k 为玻尔兹曼常数；W 为系统粒子组成的微观状态数目。

从玻尔兹曼的创建开始，任何一个系统，只要其组成成分为数量庞大的同质性个体粒子，这些粒子所呈现的混乱程度(不确定性)就与熵建立了数量上的对应关系。该数量关系表明：任何包含有大量微观粒子的系统如发生变化，总是自发地趋于概率增大的方向，从而将宏观标志 S 与粒子微观状态数目建立起简洁而深刻的关系。科学界一贯崇尚大道至简，物理学界也常将牛顿的 $F=ma$、爱因斯坦的 $E=mc^2$、普朗克的 $E=hv$ 和玻尔兹曼的 $S=k\log W$ 并称为极其简约而含义深邃的惊人之作。

第一节　社会普朗克现象

量子力学中描述的普朗克常数

$$E=hv$$

$$h=\frac{E}{v}=\frac{mc^2}{v} \tag{4.2}$$

对于光而言，$h=6.6261\times10^{-34}$ J·S。式中，E 为能量；v 为频率。可以看出，能量大，必然对应着频率高，两者之比始终为常数，该常数 h 即被称为普朗克常数。

在现代的量子化社会中，如果所吸取的负熵转化为人的能力总和，即转化成人的"体能、技能、智能、良能和权能"的总和(本书暂不讨论所述各种能力的结构特性与配比优化的要求)，则该能力总和在理论上必然对应着这个成员在社会结构排列谱中的"位阶"，并且合理地推想：所处位阶越高，所携带的总能力越大，在此位阶上的个体数量也越少，服从与负熵汲取相应的总能力同其在社会位阶之比保持常数的特征，此即所谓的社会普朗克现象。表达为

$$\frac{\sum(e_1,\ e_2,\ e_3,\ e_4,\ e_5)}{F}=Sh \tag{4.3}$$

式中，e_1 为体能；e_2 为技能；e_3 为智能；e_4 为良能；e_5 为权能；F 代表该社会成员在社会系统中所处的位阶；Sh 称为"社会普朗克常数"。

对其直观的解释是，每一个社会成员都必须从环境中汲取负熵，并将其转换成该个体生存与发展必须的"体能、技能、智能、良能、权能"之和，理论上这个数值越大，该成员在社会中所处的位阶就越高，人数则会随着位阶提高而越来越少。这在一个理性的、有序的社会系统中，可以判定公式（4.3）的必然成立。这种理想的情形，也可表示成图 4.1。

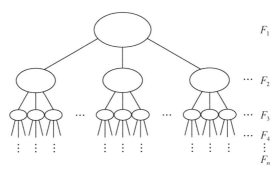

$$F_1$$
$$\cdots F_2$$
$$\cdots F_3$$
$$\cdots F_4$$
$$\vdots$$
$$F_n$$

图 4.1　社会普朗克现象图解

从 F_n 上升到 $F_1(n=\cdots 3，2，1)$，即从社会系统的基底向上直到列为第一的 F_1 位阶，每个阶层的粒子组成数目（等同于人数）从下向上分别为 m_n，$m_{n\sim 1}$，$\cdots$，m_2，m_1。设定每个位阶层级 F_n 的平均能量分别为 $\overline{e}_5$，$\overline{e}_4$，$\cdots$，$\overline{e}_2$，$\overline{e}_1$ 之和 $\left(\overline{E} = \sum_1^5 e_i \right)$，且平均能量与各层级汲取的负熵具有相应的对等性，将有下述关系成立：

如果以 S_0 代表位于基态层级的负熵值，即

$$S_0 = \overline{S}_0 \cdot m_0(a_0，b_0)$$

式中，$\overline{S}_0$ 为基态层级的单位平均负熵；m_0 为基态层级的粒子数；a_0，b_0 为基态层级下平均具有的先天负熵储备（通过基因遗传）和后天学习获得的负

熵水平；在 S_0 中，注定有一定份额的负熵 r_0 被贡献出来交付上一层级支配，意味着"服从"、"拥护"、"接受"等，用以补偿上一层级的"统一"、"领导"、"管理"等所付出的成本。以此推定

$$S_0 = \overline{S}_0 \cdot m_0(a_0, b_0) - r_0 \overline{S}_0 m_0$$

$$S_1 = \overline{S}_1 \cdot m_1(a_1, b_1) + r_0 \overline{S}_0 m_0 - r_1 \overline{S}_1 m_1$$

$$S_2 = \overline{S}_2 \cdot m_2(a_2, b_2) + r_1 \overline{S}_1 m_1 - r_2 \overline{S}_2 m_2$$

$$\vdots$$

$$S_n = \overline{S}_n \cdot m_n(a_n, b_n) + r_{n-1} \overline{S}_{n-1} m_{n-1} - r_n \overline{S}_n m_n$$

社会系统的总负熵为

$$S_{总} = S_0 + S_1 + S_2 + \cdots + S_n$$

且理论上服从

$$S_{总} = \overline{S}_n m_n(a_n, b_n) + r_{n-1} \overline{S}_{n-1} m_{n-1} + \overline{S}_{n-1} m_{n-1}(a_{n-1}, b_{n-1}) - r_{n-1} \overline{S}_{n-1} m_{n-1} + r_{n-2} \overline{S}_{n-2} m_{n-2}$$

$$+ \cdots + \overline{S}_1 m_1(a_1, b_1) + r_0 \overline{S}_0 m_0 - r_1 \overline{S}_1 m_1 + \overline{S}_0 m_0(a_0, b_0) - r_0 \overline{S}_0 m_0$$

$$= \overline{S}_0 m_0(a_0, b_0) + \overline{S}_1 m_1(a_1, b_1) + \cdots + \overline{S}_{n-1} m_{n-1}(a_{n-1}, b_{n-1}) + \overline{S}_n \cdot m_n(a_n, b_n) - r_n \overline{S}_n m_n$$

如果每一层级（除了最高层级 S_n）向上一层级"贡献"的负熵份额，并且满足于

$$S_n = S_{n-1} + S_{n-2} + \cdots + S_1 + S_0$$

$$S_{n-1} = S_{n-2} + \cdots + S_1 + S_0$$

$$\vdots$$

$$S_2 = S_1 + S_0$$

$$S_1 = S_0 + r_0 \overline{S}_0 m_0$$

$$S_0 = \overline{S}_0 m_0(a_0, b_0) - r_0 \overline{S}_0 m_0$$

由于 $m_0 > m_1 > m_2 \cdots > m_{n-1} > m_n$，且有

$$m_0 \overline{S}_0 = m_1 \overline{S}_1 = m_2 \overline{S}_2 = \cdots = m_{n-1} \overline{S}_{n-1} = m_n \overline{S}_n = \text{const} \qquad (4.4)$$

则熵值守恒原理成立。

公式(4.4)构成了社会系统理想位阶的层级结构。很显然，在最底层负熵积累的平均值虽然最低，但相对应的该层的人数 m_n 最多。当具有合宜的负熵贡献份额时，所换写成的平均负熵分布结构，即如公式(4.4)变为

$$\overline{S}_n \cdot m_n = \overline{S}_{n-1} \cdot m_{n-1} = \cdots = \overline{S}_1 \cdot m_1 = \overline{S}_0 \cdot m_0 = \text{const}$$

且服从

（每一层级人数×单位平均负熵值）=（其下所有层级人数×单位平均负熵值）

$$(4.5)$$

承认个体粒子数目(w)与每个层级的人数依其所携单位负熵平均值，具有等同式的平移关系，因此粒子数量 m 与 w(形成的微观形态数目)之间也具有同质互换的恒等性，于是有

$$(S_n - S_{n-1}) = -k' \log \frac{w_{n-1}}{w_n}$$

$$= -r' \log \frac{m_{n-1}}{m_n} \qquad (4.6)$$

式中，k' 和 r' 为类似于玻尔兹曼常数的社会度量常数。

从公式(4.6)看出，它完全符合社会普朗克现象的内涵，即满足了上一位层级与下一位层级的负熵值之比为正，而上一位层级与下一位层级的成员数之比(社会粒子数)为负。一旦这样的条件被满足，即视为社会普朗克现象成立，社会熵值守恒原理的基础即被承认其正确性。

第二节　社会量子化

社会物理学所关心的个体，简化起见是指在理论上抛开"影响"、"关

系"、"作用"、"组织"等力的作用内涵时的理想化社会粒子，它们是作为区别于自然界中非生命粒子的特殊物质。用薛定谔在《生命是什么》一书中的表述，那是"一个朴素的物理学家关于有机体的观点，特别是在学习物理学中统计力学基础之后，开始思考有机体的活动和功能的方式"。

社会粒子作为整个社会结构组成的基础材料，具有普遍意义上的同质等当性，对于具有统计意义上的大量粒子，上帝既掷骰子又不掷骰子，微观上的随机(概率性)和宏观上的有序(规则性)，同时并存于社会系统之中。

(1)任何社会个体的总能力，都是相应的五种"能力"总和，分别是"体能、技能、智能、良能、权能"。"体能"是指个体或称社会粒子的生理和心理健全程度；"技能"是指个体或称社会粒子社会交往、使用工具和掌握流程的熟练程度；"智能"是指个体或称社会粒子思维方式、思维结构和创新能力的表达程度；"良能"是指个体或称社会粒子遵守共性规则即守护群体"平均值"的自觉程度；"权能"是指个体或称社会粒子支配能力和领导能力被认可的程度。五种能力的来源有三种途径：个体通过遗传所获得的负熵值(原始储备)；个体通过学习与思维所获得的负熵值(后天积累)；个体通过位阶低粒子所贡献的负熵值(平衡补偿)。

(2)社会粒子是具有积聚"负熵"能力的基础性物理单元。任何一个社会个体，无论其位阶层级或能力总和如何，都具有同质性和数量相同并不可再生的"神经元"。神经元是构成社会个体神经细胞结构和功能的基本单位，来源于原始储备(基因遗传)与经过学习的后天创造能力之和，再加上贡献出与接受贡献的负熵"净值"。它们支配着个体的行为、感觉、运动、学习、思维或创造。这种每个粒子具有的不可再生的神经元，对每个社会成员而言都是相同的，数目大约为 1.5×10^{10} 个，无论粒子所处位阶高低，单体所具有的神经元在数量上并无显著差异。尽管数量相等但却存在着体能、技能、智能、良能和权能的极大差异，如果再考虑各个个体时空条件下"简并度"的复杂性，大约能产生 $(1.5\times10^{10})^5$ 的社会微观单元。这些奠定了社会量子化在基础单元组成数目基本相等条件下的概率分布共性基础。

（3）由此引入"社会常数"（社会普朗克现象），即社会个体的总能量无论多高，产生总能量的基本组成单元的数目都是相同的（皇帝与平民在脑细胞数量上并无显著差异），由此可以推导出类似于"克原子"、"摩尔"等具有定量性质的社会计算依据。从而在类似阿伏伽德罗常数概念下承认"社会摩尔"的存在可能性。

（4）社会普朗克常数：作为量子理论的发端，普朗克曾建立一个划时代的规则。在社会粒子能量（表达为体能、技能、智能、良能和权能的总和），同该社会粒子的"频率"（代表该粒子在社会位阶层级序列谱中的位置）之间，也应存在着固定的关系，这种关系的提取相当于量子力学中的普朗克常数（ h ）。而社会普朗克常数（ Sh ）有可能应用类似于"社会阿伏伽德罗常数"那样，建立起社会个体（粒子）单位平均负熵（ $\overline{S}$ ）和粒子数的乘积与其所在位阶层级（ F ）之间的定量识别。

（5）社会粒子处于独立的、不连续的状态，只是由于所处位阶层级的不同，所携带的平均能量（ $\overline{E}$ ）也就不同，其间的关系在引入社会普朗克常数之后，可以稳定地建立一种规律性关系。社会粒子（个体）从所对应的低等级走向高等级的位阶，必然意味着该粒子对应于汲取负熵大小转化成能量（体能+技能+智能+良能+权能）总和的递增，其规律类似于每一社会个体虽都有相同数量神经细胞数目的基础，但在其上所建立的关系又能类似于普朗克公式所表达的内涵。

（6）社会位阶层级对应着社会能级。社会能级对应着组成粒子的平均负熵水平和粒子数目多少。位阶层级从基态向高等级的移动或跃迁，可以视作是个体粒子负熵增大的结果。从一个状态向高一级别位阶层级的移动或跃迁，必然意味着该个体携带的负熵值在增大。此处所谓负熵值的增加，依照玻尔兹曼熵值原理，代表了呈现出的微观形态数目的减少，即对应着有序度的增加。负熵值的增大，同时相当于热力学中"泵浦"的作用变化。如要把社会粒子从基态提高到相邻的较高位阶层级，粒子必须能携带更多的负熵（社会能），这也将表述成负熵注入后向上一位阶层级移动所需要的"时长"，或称可能产生跃迁的"期待时间"。

期待时间(t)由"泵浦"所积累的负熵绝对值（用 S 表示）和社会粒子所处位阶层级的特征值($k'\log W$)形成，此处的 k' 类似于玻尔兹曼常数，W 为所处位阶层级时的微观状态数目。于是有

$$t^{-1} = \frac{S}{k'W} \tag{4.7}$$

可以肯定，所携负熵 S 的绝对值越大，在 $k'W$ 不变情形下向上一位阶层级移动所需的期待时间(t)就会越短，即产生跃迁转换（提升）位阶层级所经历的时间长度就越小。因此，$S/(k'W)$ 之比，将有可能成为衡量社会个体成员（粒子）跃迁的定量表达。这样，对社会位阶层级间的社会个体粒子流动以及这种流动所经历的时间，强烈取决于所携负熵绝对值的大小。

(7)社会粒子的位阶层级改变，引发了统计学意义上能级分布的调整。借助于经典物理学中玻尔兹曼分布和麦克斯韦分布，可以将物理粒子的能级分布以及分布状态的变化作出合理移植的定量表述。这类表述对估算社会结构的稳定性和社会总能量依位阶的分布形态将起到重要作用。

第三节　熵值守恒两类解释

生命物质如不从外部环境中汲取负熵以维系自身的有序，最终必将自发地被外部环境同化即与外部环境实现均衡的倾向，这代表了生命体存在的固有特质。所谓生命过程就取决于在其存在的每一时段都要不停地吸取负熵以

抗拒对自身的"剥蚀"或"夷平"。如将每一个时段这样的结果累计起来，其实质反映出生命过程中"熵减—熵增"的博弈路径。依照有序性的解释，这个过程的总趋势就是从有序走向混乱。用 C 代表无序性，其倒数就可理解成有序性标识，因为 $1/C$ 取对数等同于 $-\ln(C)$，它实质上可以代表有序性的测量。

一、熵值守恒的第一类解释

在社会群体中，每一个体的平均负熵承载，既来源于该个体先天所具有的"本底"，即从遗传基因流转下来的初始负熵值（原始储备），加上通过认识、比较、学习、思维的努力程度所获取在"体能+技能+智能+良能+权能"不断增补所必须摄取的负熵（后天积累），还会接受被其位阶层级以下社会粒子贡献出自己负熵的某个"份额"，作为受支配者给予其位阶（层级）以上粒子的"报酬"。三者之和构成了维持社会个体生命历程的总负熵。在一个社会系统中，个体粒子在负熵承载上所存在的差异谱，已经证明可以应用类似经典物理学中玻尔兹曼能级分布。

一般情形下，在一个社会群体中，由于所组成的个体粒子在摄取负熵的能力与所承载的总负熵均不相同，依照所定的级别会有

$$S_0, \; S_1, \; \cdots, \; S_{n-1}, \; S_n$$

可以将 S_0 理解为最底层的"基态"负熵，即维持基本生命活动所必须的最低限负熵。如将每个级别的简并度限制为单一的假定，则在总体不失真状态下，在最低位层级中的负熵（S_0），与处于同层级中的微粒数（m_0），同其上各个层级的平均负熵及相应该层级所含有的粒子数，从最底层到最高层每个层级中单位平均负熵与组成粒子数目的乘积为"常数"，并确认公式（4.4）和（4.5）成立。与此同时，应有如下关系：

$$m_0 = \sigma e^{S_0 / S_{环}} \tag{4.8}$$

式中，m_0 为处于基底负熵级 S_0 的社会粒子数；σ 为相应的换算系数 ［理解为当$(S_0 / S_{环}) = 1$ 时基底层可能容纳的粒子数 m_0］；$S_{环}$ 为外部环境作用的同化熵。

公式 4.8 建立起不同层级的平均负熵变化与该层级粒子数目的定量关系。

于是，比较在不同负熵层级 S_1 和 S_0，应存在社会粒子数之比的确定性关系：

$$\frac{m_1}{m_0} = e^{-(S_1 - S_0 / S_{环})} \tag{4.9}$$

如果熵级层次划分的很细，即 $S_1 - S_0 \to 0$，而且 S_1，S_0 均在与 $S_{环}$ 的均衡同比之下，则有

$$\frac{m_1}{m_0} = e^{-(S_1 - S_0 / S_{环})} \to 1 \tag{4.10}$$

说明粒子所携负熵 $S_i (i = 1, 2, \cdots)$ 十分接近于环境同化熵 $S_{环}$，也理解为处于 m_1 层的粒子数与处于 m_0 层的粒子数之比趋于 1。

换另一种情形，若 $S_1 \gg S_0$，同样在一个系统内，也必然会出现

$$m_1 \ll m_0 \tag{4.11}$$

说明了由于位阶层级之间负熵值的差异，严格对应着各该层次中所容纳的社会个体粒子数，即 m_1 的数量也必然远小于 m_0。

探求熵值守恒的理论基础，还应借鉴有关经典热力学的叙述，其中的一些重要关系，包括推导过程及最终结论所构建出的热力学体系，对社会物理学熵值守恒的认识有着极大的启示。针对社会物理学中类似于基本粒子那样的社会个体粒子，在与外界环境交换中汲取了负熵，维持了生命体以及由生命体构建的层级结构分布组成的社会开放系统。于是，在经典热力学中经常

被使用的能量、熵、守恒等，在意涵上和定量运算上，有可能经过内涵的调整移植在社会系统中并进行相应的类比，只是在规定上必须转换为对生命体的特别处理。这里诸如玻尔兹曼能量分布、吉布斯自由能、能级跃迁等，需要赋予新的含义。

众所周知，能量是理解热力学的基础。考察一个微粒的动能和势能的存在与转换，以及在外部场作用下类似伊辛模型所表达在临界温度 T_c 下发生的相变现象等，均可在社会物理学熵值守恒原理中作出恰当的修正和丰富。

一个开放的社会系统，每个生命体都被视作一个微粒并形成在不同时间下所占据的空间分布形态，这些微粒本身所具有的能量，各个粒子间互相作用下的能量变化，以及外部施予的能量约束等共同作用下，形成了社会个体粒子运动和转换的基本动力，而转换的方向、强度以及组织水平的规整性度量，都离不开对熵概念的理解和计量。

社会系统中的熵值守恒同能量守恒、质量守恒和动量守恒一样，是认识社会个体行为和群体行为的基础性规则。通常熵值守恒被简化为"对于负熵的汲取，同负熵的最终耗散，具有可比的恒等关系"，并被理解成熵值守恒的最普遍形式。由此，使得社会物理学中对于熵值守恒在转换过程中的强度与形式，具有了标定性的认识，即理解每个社会粒子所汲取负熵的大小，是其在社会群体中"位阶性"、"有序性"或"有效性"的重要测度。这里所谓的"高质量"粒子，意味着所汲取负熵的能力优于其他个体，带有"高质量"负熵激励使得该个体粒子在产生能级跃迁中必然消耗掉它在低一能级中所处在高处平均水平的负熵，而消耗掉的这一部分在低能级中高于层级平均值的负熵却在实质上换取了进入高位阶即"等级高"的社会层级位置。

联系到一个由众多粒子组成的系统，它所携带的负熵值，与其各层级的组织性或有序性直接相关。进入到高一负熵级层次（即携带有更多的负熵），由于所摄取的负熵值高，这一层级中相对的粒子总数也少，十分明显其有序性和确定性必然也将高于前一层级，代表着不同层级中的所含微观状态数目的分布状况，越在上的位阶层级中由于粒子数目变少，所能产生的微观状态数目也少，最终归纳为位阶层级粒子数与所携单位平均负熵值的乘积，对各个位阶层级而言在理论上应当是常数，由此从本质上解释了熵值守恒的总体体现。

由以上所述，无论是对负熵携带，还是不确定性度量抑或是有序性增加，熵值守恒的第一类解释在总体上和本质上都服从"社会普朗克常数"的规则。

二、熵值守恒的第二类解释

社会中每一个体靠天赋（基因遗传的原始储备）加上其后天努力所获得的负熵，以及在获取负熵时投入的"努力"由其低位阶粒子拿出某个"份额"的奉献，以上三者之和，始终都在努力促成粒子要自发超出所处位阶层次中的"平均负熵值"，为"人往高处走"、"要做人上人"提供了内在的动力。当其负熵积累接近于高一位阶层次的平均负熵数值时，将有可能自动产生层级跃迁，使得该粒子得以进入到更高一层次的负熵圈。在更高一阶层级的平均负熵水平中，跃迁上来的粒子所携负熵水平同其相比，应属于同等级别，由此该粒子才能合理地被接纳其中。一旦在该层次中某个微粒子的负熵积累具有大于该层次的平均负熵值时，就具有了再向上跃迁的可能，又会重复地可能发生向更高一层级的移动，该粒子在它跃迁的一刹那也就抵消掉在原先层级中所高出平均值的负熵状态，其提供了进入高一级别的跃迁可能。如此运动，最后形成了熵值层级分布，在每一级中微粒的负熵值形成了围绕其平均熵值的组团，等于构建了该层次的有序性并严格对应着粒子数目的多少。

综上所述，社会个体实质上就是将获取高负熵时所付出的"努力"，等量对冲了在该层次中获得升迁的位阶可能。即使在同一层级中，处于等级谱上位阶较高的粒子可以通过获取位阶较低的社会粒子在跟随和服从时所贡献出自己负熵的一部分，在理论上所有这些贡献出的负熵正好"补偿"或"抵消"了该粒子在获取自身负熵时所付出的"辛劳"代价，从而完成熵值守恒在位阶内的守恒。其后，由于负熵值继续高于位阶内的平均负熵，该粒子就具备了产生跃迁到上一层次的动力和意愿。而一旦归入到高一层次，它在原先层次中所谓的"高负熵"，又将成为在高位层级内低于该层中平均负熵的状态，并且还必须得向新层次中的高负熵粒子提供自己一部分负熵作为补偿的"义务"。只有该粒子继续通过"努力"并能摄取更多的负熵时，才能摆脱它的状况。

以上所谓熵值守恒阐述的两类情景：其一，在层级内，从低于负熵平均值到高于负熵平均值，能获取负熵平均值以下各个粒子贡献出相应负熵的"补偿"，从而对冲该成员在获取高于平均负熵值时所付出的"代价"，完成在阶层内的熵值守恒。其二，一旦高于该层阶内负熵平均值的粒子产生了"跃迁"，当它进入高一层次的级别中时，必然又得将自我携带的负熵在高一级层次中付出一定份额，此时只有继续努力上升到高于阶层平均负熵的水平，才能取得同样的均衡，完成阶层间的熵值守恒。位阶内与位阶间两者的不间断转换，体现出熵值守恒两类情景的统一性。

第四节　熵值守恒制约机制

熵值守恒制约机制归纳如下：

（1）一个理想社会系统的构建，必然走向符合社会普朗克现象的描述，即负熵汲取能力相应于社会粒子数目的反向式对应分布，并且符合每个层级的单位负熵平均值与该层粒子数的乘积，在各个层级都为常数。

（2）任何一个社会粒子，汲取负熵的能力和数量，决定着它在社会层级中的相应位置。通过在层级内和层级间的位置排列高低和发生层级间的跃迁，完成对于熵值守恒的解释。

（3）无论在层级内，还是在层级间，负熵汲取所花费的代价（付出或接收），总是对应着它在社会结构中所处的等级位置。所谓的"不劳而获"、"投机取巧"或期望"天上掉馅饼"，都违背熵值守恒原理。

（4）由此，熵值守恒原理将对"最少支付原理"和"主流疲劳原理"施以"天花板效应"的制约作用，即对前两公理共同作用下可能产生永动机式的"任性"和"偏执"，以熵值守恒的铁律最终施以机制上的纠正和限定。

（5）如此，最少支付原理、主流疲劳原理和熵值守恒原理，作为公理体系的严整结构与互相作用，三者共同塑造出一个健康社会系统的动力基础、结构基础和行为基础，从而对优化结构治理、制度安排和路径选择，提供了全面的理论依据。

（6）社会粒子的"波粒二象"，不会完全等同于量子力学中所谓的离散和连续，社会粒子的"波粒二象"能反映既维系层级又突破层级的必要性与可能性，以及在微观上的粒子与宏观上的群体。美国心理学家亚伯拉罕·马斯洛（Abraham Maslow）在1943年《人类激励理论》论文中，对于"人的需求"整理出类似金字塔式的五个层次，从下到上分别是生理需求、安全需求、社交需求、尊重需求和自我实现需求。马斯洛层次理论是心理与行为的分级，意图说明保持需求和突破需求的心理走向。

在社会物理中，以负熵注入的观点去理解社会的动力、形态、运动、行为，必须重新改造马斯洛的五个层次设计，它从社会粒子具有突破层级的反同化、反夷平意愿出发，特别提出从低到高的六个层次，分别是生存层次、生理层次、心理层次、知识层次、权能层次和信仰层次。生存层次是满足社会粒子存在的基础条件，即维系生命的基础性保证，包括最必需也是免费或低费提供的空气、水和食物等。在实现第一层次基础上，进而要求满足社会个体粒子的生理需求，例如健康、生殖等。此后抵达心理层次的需求，即幸福、愉悦与满足等。知识层次反映了好奇心和不满足感。权能层次是实现结构在垂直方向上位阶跃迁的愿望。而信仰层次进入到对于真理认知的哲学范畴。

研究重点指出，社会波粒二象性的一个集中体现就在于遵循熵值守恒的层级突破与层级稳定的并存形态中。社会粒子要从低一层级进入高一层级，必须具备足够的"负熵储备"。社会粒子要维系社会层级的存在，又必须付出相应的"负熵份额"。在一个社会波粒二象结构中，突破层级所储备的负熵只有在等于或大于维系层级存在的"负熵份额"条件下，才具有产生层级突破的可能。而就在突破层级的瞬间，该粒子又必然得付出相应份额的负熵去维系这一层级的稳定。否则，要么是社会系统的塌陷，要么是社会层级的无限分化。

第五章　社会行为理论

Chapter 5　The Social Behavior Theory（SBT）

　　人的行为出于下列七因之一：机会、本性、强制、习惯、理
性、希望、热情。

——亚里士多德

第一节　行为选择四组变量

　　社会物理学研究的主题之一，是希图揭示社会行为选择三项基本内容：
选择方向、选择目标和选择动力。其中每一项都有一些早期的研究成果，但
同时也还都未达到简洁有力被公认的定量描述，都还在等待实现相应的理论
归纳，尤其是如何将上述三项基本内容统一在共同的模型之中，更是一项巨
大的理论工程，也始终产生着对从事社会物理研究者们的巨大吸引。

　　1943 年，薛定谔首提"生命是提取负熵流的过程和结果"，进而一些研
究者将其引申到社会行为的研究之中。似乎可以认为这种对汲取负熵的总追
求，应该就是社会行为选择持续不断达成目标的运动形式。1949 年，基夫
提出"人类最小努力原则"，首次触及人类行为选择的内生动力，作出了比

较深入的统一解释，但是其边界和内涵仍需进一步探讨。1986 年，牛文元发表《人文地理模型》，在中国首提行为选择研究的重大意义。其后在 1987 年，牛文元又在《科学通报》发表《Abler 地理空间搜寻模型的改进》(牛文元，1987)；1988 年牛文元发表《地球空间决策的成功与失误》(牛文元，1988)，以及 1992 年牛文元专著《理论地理学》(牛文元，1992)中专辟一章探求"空间行为分析"，这些都为社会行为选择、目标及动力的研究，进行了先锋式的探索。

如果把社会行为选择的个体表达，看做是群体表达的基础单元，社会物理学在行为选择研究的全息特征就存在着天然合理性，这正如基本粒子的特征可作为研究物质结构的基础表达一样，探索社会个体行为选择也就构成了社会物理学的还原论思考。

本章所叙述的社会行为，存在一个基本界定，界定域的下限即一切行为选择的基线是必然保持"个体存活"的基础支持，例如，空气、水、食物以及与平均生存环境要素组合的有效匹配。而界定域的上限是个体获取的负熵集合(表现为体能、技能、智能、良能和权能的总和)位于社会等级系列谱上的最高点。在这个界定域的两端以外，已不属于社会行为学讨论之列，而处于界定域内的社会行为由于具有多样性并表现出强烈的概率特征，成为本章集中讨论的焦点。它是社会物理学研究的核心问题之一。

一、社会行为选择第一变量组——能力储备度(A)

社会行为选择的首要条件，取决于个体实现选择目标的能力集合以及此种集合匹配下的能力储备度，即表达个体行为为达到所选目标自身所具有的能力组合。该能力组合表达成

$$A = \begin{bmatrix} A_{11} & \cdots & A_{1n} \\ \vdots & & \vdots \\ A_{m1} & \cdots & A_{mn} \end{bmatrix} \qquad (5.1)$$

而为实现所定行为选择目标，必须至少具备大于有效萃取度要求的最低临界储备度(A_0)，它被表达成

$$A_0 = \begin{bmatrix} A_{011} & \cdots & A_{01n} \\ \vdots & & \vdots \\ A_{0m1} & \cdots & A_{0mn} \end{bmatrix} \qquad (5.2)$$

在行为能力储备度的考量中，对于能力"非平衡转移"，即基础能力储备度(A)随着时间的变化，以及最终可以达到行为目标要求的能力组合(A_0)，存在着动态的调整和变化。简言之，即由 A 逼近或等于 A_0 的行程轨迹随时间通常呈现非线性改变。这种变化又能清晰地区分成主观能力变化和客观环境变化，也被理解成内在能力和外在要求的变化。当从一个时段转移到另外一个时段时，上述两种变化（即内在的和外在的）需要进行平行分析，在承认两者过程具有相似的同质性假设下，将会省却分析的冗余度。

在初始时刻 t，某个社会个体具有以 A 为基础"能力储备"K_t，其后当 $\tau > t$ 时，能力储备随时间改变记作 $\dot{K}_\tau$，显然它是现有能力储备 K_t 的函数，同时也是基础参数矩阵 A_t 的函数，它当然还会是时间 τ 的函数。应该明确的是，内在能力还要受制于外在要求的影响和操控，于是能力储备度变化的基本内涵是

$$\dot{K}_\tau = f(K_t, A_t, \tau) \qquad (5.3)$$

式中，$\dot{K}_\tau$ 是 A_t 的显函数。

在任意时刻，一个个体所具有的"能力储备"，对行为选择成功的贡献率，即为了接近目标函数的增值，代表着其选择行为目标成功的实际概率随

时间在增大。如果将实现概率当成能力储备增值的"效益产出"，并且用符号 U 表达，可以推断 U_τ 也应是该时刻能力储备的显函数。于是有希望计算出时刻 τ 的表达式

$$\dot{U}_\tau = U(K_\tau, A_\tau, \tau) \tag{5.4}$$

在行为选择对目标函数的逼近中，当然希望 $\dot{U}_\tau$ 能逐渐达到理想的目标值（即 $\dot{U}_\tau \to \max$，此处的 max 可理解为是对目标函数的必要和充分满足，即满足有效萃取度时必备的"原始资本"，并用 Z 表示）。于是简单地表述：对于"效益产出"从其初始时刻到其后某个规定时刻（$\tau = u$）实行积分，它既要满足"能力储备"的初始值，同时又取决于基础变量参数 A 的时间增值，即

$$Z(K, A) = \int_\tau^u U_\tau(K_\tau, A_\tau, \tau) d_\tau \tag{5.5}$$

显然，求取能力储备度及其随时间变化的数值解，将能获取使 $U_\tau \to Z$ 时的参数矩阵 A，但此条件下的 A 其实就相当于公式（5.2）中所谓的 A_0，在式（5.1）中所知的基础参数矩阵 A，能否达到要求的目标概率 U_τ 取决于

$$1 - (A_0 - A)A_0^{-1} = 1 - (1 - AA_0^{-1}) \tag{5.6}$$

因此，只有当 $A = A_0$ 时，此时的 $U_\tau = Z$，行为选择的能力储备度达到其最大概率1。

二、社会行为选择第二变量组——有效萃取度（T）

具备了 A_0 的能力储备度，能否有效转化与萃取并从中获取有效负熵，是规定行为选择能否成功实现目标的进一步概率提取。在所具有的能力储备度中，真正能转化成实现行为目标的份额，可以用有效萃取度（T）表达。如以 T_0 表达100%的有效转化，实际萃取 T 所占 T_0 的概率，同样可以通过公式（5.7）去加以核定。

$$1-\frac{T_0-T}{T_0}=1-\left(1-\frac{T}{T_0}\right) \tag{5.7}$$

三、社会行为选择第三变量组 —— 心理期望度(P)

行为选择，除取决于能力储备度和有效萃取度外，能否实现目标的成功概率还应同心理期望度即预设的选择目标有关。P 的期望过高或过低，均认为是对选择目标的失误。如当 P 低于应可实现行为的目标值时，必然浪费了能力储备度和有效萃取度；而 P 高于客观能够达到的目标值时，带来的失败将会产生严重挫败感，不利于能力储备度随时间的继续增长。P 的概念意义，一般被写成

$$P=f[A,T,Y(x,y,z),B,\cdots] \tag{5.8}$$

式中，A、T 的含义如前述，Y 代表心理判断能力，取决于个体在体能(x)、技能(y)和智能(z)下自我拟定的实现目标值，B 表示与某种后天学习能力有关的未知因素(以自我学习下获得的良能和权能为代表)。依照个体差异及其在位阶谱上的等级序列位置，它与排列在等级序列谱最顶端的 P_0 相比，属于一定级差排序下的 P_r(r 表示在等级序列中所处的"秩"位)，呈现某种分维关系，这里的分维指数用符号 b 表示，于是建立起在秩位 r 之前直至第一位排名 P_0 的整体积分形式

$$\int P_0 r^{-b}\mathrm{d}r = P_0\int r^{-b}\mathrm{d}r = P_0\frac{r^{(1-b)}}{1-b}+C \tag{5.9}$$

上述积分的等值形式又可写成

$$P_0\frac{r^{(1-b)}}{1-b}+C=P_0+\frac{P_0}{2^b}+\frac{P_0}{3^b}+\cdots+\frac{P_0}{r^b} \tag{5.10}$$

此处 C 为积分常数。公式(5.13)可换写为

$$P_0\left(\frac{r^{(1-b)}}{1-b}+C'\right)=P_0\left(1+\frac{1}{2^b}+\frac{1}{3^b}+\cdots+\frac{1}{r^b}\right) \qquad (5.11)$$

C'是变换形式下的积分常数。于是有

$$\frac{r^{(1-b)}}{1-b}+C'=1+\frac{1}{2^b}+\frac{1}{3^b}+\cdots+\frac{1}{r^b} \qquad (5.12)$$

由上获得

$$C'=\left(1+\frac{1}{2^b}+\frac{1}{3^b}+\cdots+\frac{1}{r^b}\right)-\frac{r^{(1-b)}}{1-b} \qquad (5.13)$$

如令 C' 的极限值(当 $r\to\infty$)为 G，则有

$$G=\lim_{r\to\infty}\left[\left(1+\frac{1}{2^b}+\frac{1}{3^b}+\cdots+\frac{1}{r^b}\right)-\frac{r^{(1-b)}}{1-b}\right] \qquad (5.14)$$

可见，只要一旦获取了 b 值，即可得到 C' 的计算表，并由此获得 G 的数值解。

依照 C' 计算表，当某一个社会个体处于秩位 r 时，遵照

$$P_0\left(1+\frac{1}{2^b}+\frac{1}{3^b}+\cdots+\frac{1}{r^b}\right)=N_r \qquad (5.15)$$

能够计算出在秩位 r 之前直到最高的第一秩位的心理总和期望度。只有当所在秩位 r 处所求得的 P_r 满足 $P_r\leqslant N_r$ 时，个体行为选择所规定的心理预期目标，才被视为是合宜的并可能实现的。于是获得了判据：

$$\left[1-\left(1-\frac{P_r}{P_0}\right)\right]\leqslant\frac{G-N_r}{G} \qquad (5.16)$$

四、社会行为选择第四变量组——前视预测度(Q)

社会行为选择成功率还必须取决社会个体的前视能力或预测能力(预测能力或前视能力的高低又取决汲取负熵值的有效转化)。同样的两个个体，在所有上述条件(储备能力、萃取能力、心理期望度)均相等前提下，前视

能力高者对搜寻方向的判断准确性和成功率一定会高于前视能力低者，它意味着能够实现行为选择目标的概率也一定会大于后者。个体搜寻的前视能力，通常取决于两个变量，其一是一次性可以感知的单位距离的层次数目 v，其二是在每一单位层次中可以感知的目标数 d，如图 5.1 所示。

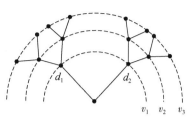

图 5.1　个人行为选择的前视能力

这里规定一次可感知距离层中的感知数 $d=2$ 情形，具有不同层次数目的感知(预测)能力如下：

$$v=1 \quad d^1=2^1=2$$
$$v=2 \quad d^2=2^2=4$$
$$v=3 \quad d^3=2^3=8$$
$$\vdots \qquad \vdots$$
$$v=v \quad d^v=2^v$$

数值计算结果表明，前视预测能力(Q)如下

$$Q=d^v=\prod_{i=1}^{v}d_i \tag{5.17}$$

前视预测能力(Q)实质上也是一个变量组，它也是由众多参数组成的矩阵集合：

$$\boldsymbol{Q}=\begin{bmatrix} B_{11} & \cdots & B_{1n} \\ \vdots & & \vdots \\ B_{m1} & \cdots & B_{mn} \end{bmatrix} \tag{5.18}$$

如定义 $\boldsymbol{Q}_0$ 为个体行为选择中的前视预测度最优值，并有

$$\boldsymbol{Q}_0=\begin{bmatrix} B_{011} & \cdots & B_{0n} \\ \vdots & & \vdots \\ B_{0m1} & \cdots & B_{0mn} \end{bmatrix} \tag{5.19}$$

实现行为选择目标的概率前视预测度的概率表达形式为

$$1-(Q_0-Q)Q_0^{-1}=1-(1-QQ_0^{-1}) \tag{5.20}$$

五、计算行为选择成功的总概率

由能力储备度(A)、有效萃取度(T)、心理期望度(P)和前视预测度(Q)四组变量组计算行为选择成功的总概率。

社会行为选择的成功率,四组变量将被纳入到总概率之中。在A、T、P和Q的内在逻辑关系中,在实施行为选择并估计其成功概率时,A(必须大于或等于A_0)通常是构成行为选择成功概率的第一基础依据,在A中又必须通过有效提取T,构成了对于成功率的进一步贡献,该贡献中还要看个体对行为目标设计的主观合理性即心理预期的把握程度,最后应考虑该个体在行为选择实施中所具有的前视预测能力,即在A、T、P均相同条件下,对方向选择(Q)的判断能力。于是,行为选择能力(R)总体成功率的概率,是具有上述四组变量内在逻辑的共同约束下所形成的总概率。

$$R=1-\left\{(A^T)\exp\left[P(\exp Q)\right]\right\}\cdot\exp(H-Q) \tag{5.21}$$

公式(5.21)中出现的H表示行为者在选择过程中所具有的忍耐能力或持久能力,在本章第五节中还会有较详细的分析。图5.2在考虑影响行为选择因素后,通过模式计算,获得了行为选择能力(R)与行为目标成功概率(R_0)之间的关系。

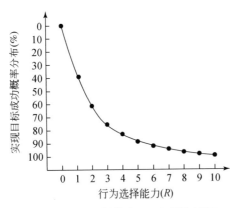

图5.2　行为选择能力(R)与行为目标

成功概率(R_0)的关系

由上得出:

(1)社会行为选择是一个复杂过

程，一般包括行为选择主体所具有的物质储备能力和精神储备能力，另外还要考虑外在因素对行为目标的干扰及其随时间的变化。其中必须规范行为选择的方向、行为选择的目标、行为选择的动力，以及方向、目标和动力的瞬时变化与趋势变化。特别是在加入心理因素之后，必然还要受到个体差异以及学习、修养、文化、信仰乃至制度的制约。

(2)社会行为选择的目标函数制定，总体上必须是朝着增加负熵流的方向，因此它必须克服和抵御现实世界中对已有负熵进行"风化"或"剥蚀"的破坏。特别是在逻辑斯谛方程制约下，生命本身所存在的天然衰老因子随时间的不可逆过程，这在行为选择总体进程中必将作用于行为选择的总进程。由此可以明确为何人类文明史在 1 万年的时间中，前人与后人在行为选择上仍然具有惊人的相似性与可比性。

(3)社会行为选择之所以构成社会物理学研究的核心问题之一，还在于它集中反映了这是一个既有物理因素又有生理因素，还必须加上心理因素的复杂集合体，如何在实现选择目标时形成共性机理和一般范式，并由此去进一步寻取社会制度、社会道德、社会心理、社会治理等质的规定性。

(4)社会行为选择，在传统研究中通常归于心理学范畴。现代社会物理学的研究表明，这是不够的。只有将物理、生理、心理三者较好地融合在一起，通过精确的数量表达和严格的逻辑推导，并在社会实践中获得实验验证，才有可能真正将现代社会物理学向前推进。

第二节　行为选择相似性分析

行为选择的经验性和惯性倾向，与相似性分析密切关联。在一个量子化社会中，社会群体在微观表现出差异和在宏观表现出相似的普遍现象，体现了随机性与可识别性的统一。相似性原理是构成群体不同层级和同一层级中不同组合进行行为分析的认识工具。由于差异和相似在相反两个方向都可以达到极限，即微观上差异的绝对和宏观上归类的无限相似，这样的存在体系是相似性原理产生与发展的基础。

微观方向上承认普遍的差异性和宏观方向上承认普遍的相似性，被认定是量子化社会的又一基础特征。一般而言，分类学主张如果方向趋于下，能寻找出无限的差异；而如果方向趋于上，也可呈现出无限的相似。社会群体结构分析试图在社会粒子行为的相似性上找到社会力作用关系以及所表现出的亲疏、距离和行为选择时的心理偏好。通常在社会粒子中表现出的从利、从众、从上、从源等，天然地形成了结构有序和相似性识别的根源。

"物以类聚，人以群分"。其内涵表征着相似性在社会群体结构中的自发组织功能。相似性是一列从低到高寻求共质(共性)的结果，从初始条件、边界条件、几何形态、动力特征、时空演化以及与差异化更大的对象相比较后的自然归属分析等，均可找到建立相似的条件和判据。戈特弗里德·威廉·莱布尼茨(Gottfried Wilhelm Leibniz)说过："自然界都是相似的。"1846 年马克思在布鲁塞尔的演说中曾说："历史上常有惊人的相似之处。"这些都意味着事物内涵中总能找出所孕育的共性因素，这个共性因素的谱线组成和幅度大小，决定着相似的尺度和范围。社会物理学中，因相似性在不同尺度上的组织性，构成了社会群体分布形式、规模、联系、诉求、控制力和影响力的组团，反映了社会结构与社会组织的形式塑造。

从一个"点"发散出在两个方向上所进行的相似性比较，通常能够用来得出对此两方向分离情形下所形成角度的余弦值，该余弦值将被用来标识两者相似性所涵盖的规模尺度及其所能提取共性的判据。进一步又可以严格定义出任何两类差异中所蕴含的相似性度量。很明显，当此两方向完全重合时(代表着绝对一致)，此时两者夹角为 0°，其余弦值 cos 0° = 1；而当两者方向互为垂直时，此时两者夹角为 90°，其余弦值 cos 90° = 0，表达了两者的绝对不一致。以此种方式叙述的相似性数值分析，直观上可以比较容易识别在社会群体组合中所包含的共性幅宽或两者存在"最大公约数"的大小。所谓的相似性是相对的，两者的差异虽然代表此两者的不相似，但这种不相似如果同第三者差异更大时，它们又可能归纳成相对下的"相似"。

社会中常常会看到的两种观点存在，但两者只要存在最大公约数就会构成相似性的度量。如一个群体 A 和一个群体 B 之间的相似性比较，可通过两者所构成的"方向对"之间的夹角并取其平均余弦值，去获得 A 和 B 之间的共性重合程度。由于 A 和 B 在各自的组成中内部又会包含几个子体(一直到等级最小时即被视为社会粒子)，因此，实质上 A 和 B 各自也是在共性比较中的相似性归纳。实质是：在差异中包含着相似，而在相似中也包含着差异。由此，A 与 B 之间的相似性分析关系表达在图 5.3 中。

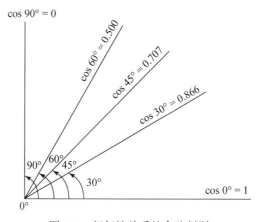

图 5.3　相似性关系的余弦判别

群体组织规模大小还取决于两个维度上的判定：其一，持相同公约数下所集聚的个体数目；其二，在可接受公约数前提下能参与的群体数目。总之，社会群体中以相似性度量作为依据的一种分类，希望达成在群体内部的相似性最大(差异性最小)，而在群体之间的相似性最小(差异性最大)。两者的分界还常以共性诉求随时间变化的不同而发生变化。

从 0 到 90°角度的余弦值分别为 1 到 0，即从完全一致到完全相反，标志了在不同尺度的相似体比较中，包含着在群体内部的差异性划分和对应的相似性归纳。于是，存在着对宏观相似前提下微观差异性的判读，例如，以余弦值为 1 定义为绝对相似（相等），余弦值为 0 定义为绝对差异（相反），两者作为相似性规则的极限而成立。于是处在 $0<P<1$ 范围内所规定的相似性大小（P 为概率度量），又将对应着社会群体组织的内部尺度的相似程度测量。十分显见，在一个独立系统之中，所包含的粒子之间相似性愈接近 1，越能显示出具有相对小的公约数；相似性越接近于 0，越会显示出具有更大的公约数。余弦值接近于 1，对应着所包含粒子的微观形态数目也少直至最终的 0；余弦值接近于 0，对应粒子的微观形态数目也多直至为无限大。这在本质上表达了宏观约束下微观粒子相似度的概率分布特征。在另一认识上，从核心层到外围各层等级系列中的不同层次，虽然也共同组成了同一个社会系统，其中各个不同层次上和每一层次中以其相似性判别又可从里向外分成不同的组分，天然地形成了亲疏关系（这种亲疏关系还将依环境和时间而变），这些均必须应用相似性规则加以解释。

社会群体结构从宏观角度去认识，相似性可以形成对两种极端值之间的连续谱系。连续谱系的一个"极端"被视作"完全一致"，所有社会成员无一疑义具有绝对统一的行为。连续谱系的另一个"极端"则被视作完全差异，任何成员之间均保持既不吸引也不排斥的完全分散状态。以此来对应社会系统，前者可以想象成一种高压独裁下的社会组织结构，后者可以想象成完全放任的无政府状态。而一个真实社会系统的组织结构，则处在上述两个极端之间所形成"相似性连续谱"系上的各类对应。当对上述现象进行标准化的数量化处理下，本书建立了一种称为"E 尺度"（相似度度量）连续谱系的相似性规则，依照如下四个步骤。

1. 统一网络

针对上述假定，依照确定比例，选择合宜的正方形图块，并在该正方形图块中划分统一网络，以此代表相似性研究针对社会结构的标准化空间形式。在该统一网络中，每一个按等面积划分出的小格网都将作为单位社会成员表达行为选择意愿在统一级别上的完全相似属性，这种选择意愿的属性将构成网络承载的相似性判读。一旦面积图块 a 固定，所划分出的基本单位格网也将依标准化方式相应作出，由此具备了通过社会成员占据基本单位格网的变化，去寻求定量解释相似程度的可能性，由此也可去认识在整个分布系列中不同层次下的相似性比较。

2. 确定点的数目和分布

这里所谓的"点"，即代表社会成员中在每个规定单位（小团体或个体）中的数量，这个数量将统一按规定被量化成 1 个点，并依据其"态度取向"填入在相应的网络基本格网中。这些社会成员向"点"的转化服从于

$$N = \frac{\sum_i (M_s)_i}{U_i(\overline{N})} \tag{5.22}$$

式中，N 为所定格网数目分配的"单位"数（可以是数量的，也可以是程度的，甚至是非数字度量的）；$U_i(\overline{N})$ 代表每个 N 单位中所含有的社会成员数目；$\sum_i (M_s)_i$ 是全部网络下所包含的社会成员总数。由此可简单理解成：当所有的点 N 处在要么完全相似要么完全差异的两个极端时，必将表现出要么所有的点 N 全部集中在唯一一个格网中，要么所有的 N 恰好一对一平均分布在每一个格网之中。

3. 距离规定

含点格网之间的距离规定了对社会成员意愿相似或差异的判定。这种意愿将被合理地转换成统一网络中各含点格网之间的距离判断，并且通过引力

理论对距离实施深度量化,以此处理含点格网所判定的点数(从 1 到 N 的分布及其间的距离标定),并且对从定性到定量的转换实施合理的简化。

任何一个含点单位与其周围最近含点单位之间的距离将被分成 A、B 两类:

① A 类表达距离判断是各含点单位呈垂直分布情景,如图 5.4 所示。

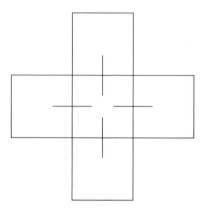

图5.4 各含点单位之间垂直分布下的距离判定

此时规定彼此之间的距离为 1。

② B 类表达成各含点单位呈斜交分布的情景如图 5.5 所示。

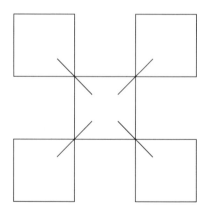

图5.5 各含点单位之间斜交分布下的距离判定

此时规定彼此之间的距离为 $\sqrt{2}$。

如果所有含点格网基本单元成均匀状邻接，则各个相邻的含点基本单元之间的总距离可以化为下面的相对数值之和：

$$D_0 = \sum_1^h \sum_{\theta=1}^8 \left[(d_{ij})_{\min} \right]_\theta, \left(\theta = 0, \frac{\pi}{4}, \frac{\pi}{2}, \cdots \right) \qquad (5.23)$$

式中，D_0 表示所有相邻含点基本单位之间的总距离；θ 代表邻接状态的不同方位角（四个垂直方向和四个斜交方向，共八个方向，如图 5.4 和图 5.5）；d_{ij} 为最近相邻接一对含点基本单位之间的距离；h 表示在规定统一网络中已经构成最近邻接状况的总数目。实际计算中如果一对含点基本单元不相邻接（即它们之间被空白无点的基本单位所隔开），此类情形下计算它们之间的最短距离时，将对原来假定两者相邻接时的 $(d_{ij})_{\min}$ 的距离加以订正。每隔空一个基本面积单位，对应增加一个 Δd，并规定 Δd 在垂直方向上是 $(m+1)/m$，在斜线方向上为 $\sqrt{2}(m+1)/m$，此处的 m 表示隔开相邻含点基本单元的间隔空白格网数。当 $\Delta d = 0$，代表两含点面积基本单元相邻接中间未有任何格网单元间断。如存在 $\Delta d \neq 0$，各含点单位之间总距离 D（取最短）是对 D_0 的订正，并可以写成

$$D = \sum_1^h \sum_{\theta=1}^8 \left[(d_{ij} + \Delta d)_{\min} \right]_\theta \qquad (5.24)$$

式中，$\Delta d = (m+1)/m$（当 $\theta = 0, \frac{\pi}{2}, \pi, \frac{3}{2}\pi; m \geq 2$）；而 $\Delta d = \sqrt{2}(m+1)/m$（当 $\theta = \frac{\pi}{4}, \frac{3}{4}\pi, \frac{5}{4}\pi, \frac{7}{4}\pi; m \geq 2$）。

很显然，$D \neq D_0$，D 代表了更加真实情况下所计算出的总距离，而 D_0 代表着理想状态下所计算的总距离，可以得出

$$D \geq D_0$$

还需进一步推论，在统一网络中含点面积基本单元内所含有的点数不相等时，其间所产生的距离效应将如何发生变化。规定如所含点数不同的两个面积基本单元所对应的概率值分别以 p 和 q 表示，且有 $p+q=1$。此时如认定

$$P_i = \frac{n_R}{\sum_R n_R}$$

成立,即在第 i 个含点基本单元所对应的概率值,n_R 为在 i 基本单元中所含有的点数;$\sum_R n_R$ 表示这一对含点基本单元中所存在的总点数。于是,在此种条件下计算的真实距离 $(d_a)_{ij}$ 应当是

$$(d_a)_{ij} = \left[(d_{ij} + \Delta d)_{\min} \right]_\theta \cdot \frac{p_i}{q_j} = \left[(d_{ij} + \Delta d)_{\min} \right]_\theta \cdot \left[\frac{p_i}{(1-p_i)} \right] \quad (5.25)$$

确信 $q_j = (1-p_i)$ 为第 j 个含点基本单元所占有的概率值。显然,当 i 与 j 面积基本单元中含点数目相等时,p_i/q_j 或 $p_i/(1-p_i)$ 的比值为 1,还原到上面所示 D_0 或 D 中的情形。

在经过 Δd 和 $p_i/(1-p_i)$ 的订正后,统一网络中含点基本单元之间的真实总距离 (D_a) 为

$$D_a = \sum_i^h \sum_{\theta=1}^8 \left[(d_{ij} + \Delta d)_{\min} \right]_\theta \cdot \left[\frac{p_i}{(1-p_i)} \right] \quad (5.26)$$

4. 建立 E 尺度

依据定义,在网络空间标准化的统一网络中,每一个格网面积基本单元均含有一个点时,处于 E 尺度指标的上限,此条件下所获取的实际总距离可由 D_a 计算得到,此时的 $\Delta d = 0$,$p_i/(1-p_i) = 1$。当所有点的分布完全集中在一个唯一的含点面积基本单元时,含点面积之间的总距离为 0,代表着分布状况的下限。由此建立相似度 E 的尺度分布谱(图 5.6)。

E 尺度系列谱并非是描述社会成员分布状态相似度的直观模型,但它却能将原先不能进行统一计量和统一比较的社会相似性结构分析概括在具有统一比较基础的数量设计之中,并相应表述相似性完整连续分布的谱系生成,这对认识社会行为选择的相似性起到了在统一谱系中加以统一识别的功能。

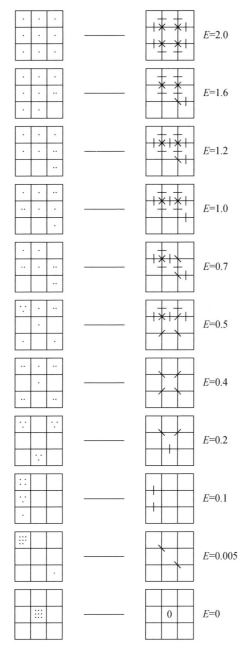

图 5.6　相似度 E 的尺度分布谱

第三节　行为选择的可公度性

行为选择的正确性与合理性，希望有可能从公度性的判断中寻取。古希腊时期的毕达哥拉斯学派，笃信"万物皆数"的信念，认为世上一切均可从数的研究中寻求规则。他们从简单的整数运算中，寻求内在逻辑，认为能够通过"可公度比"概念去解释有关的自然现象和社会现象。例如，在一组由自然数形成的数列中，算术平均值、几何平均值、调和平均值以及关于它们之间的相互关系，就被视为是揭示复杂现象的入口。

有两组自然数 a 和 b。现将这两组自然数的算术平均值用符号 $\bar{S}$ 表示，几何平均值用符号 $\bar{J}$ 表示，调和平均值用 $\bar{T}$ 表示，可以写成

$$\bar{S} = \frac{1}{2}(a+b)，\quad 或 \quad \frac{1}{n}\sum_i x_i \quad (i=1,2,\cdots,n) \tag{5.27}$$

$$\bar{J} = \sqrt{ab}，\quad 或 \quad \sqrt[n]{\prod_i x_i} \quad (i=1,2,\cdots,n) \tag{5.28}$$

$$\bar{T} = \frac{2}{\frac{1}{a}+\frac{1}{b}}，\quad 或 \quad \bar{T} = \frac{n}{\sum_i \left(\frac{1}{x_i}\right)} \quad (i=1,2,\cdots,n) \tag{5.29}$$

在有关研究中，通过逻辑推演获得几何平均值、算术平均值、调和平均值三者之间的对应关系，由公式（5.27）、公式（5.28）、公式（5.29），能获得

$$\bar{S} \cdot \bar{T} = \frac{1}{2}(a+b) \cdot \frac{2}{\frac{1}{a}+\frac{1}{b}} = ab$$

而由此

$$\bar{J} = \sqrt{ab} = \sqrt{ST}，承认 \bar{J} = \sqrt{ST}，即得 \bar{S}:\bar{J} = \bar{J}:\bar{T}$$

从内涵中看出这显然就是黄金分割法则，即长短两个线段之比等于整体

线段与长线段之比，由此通过所谓的可公度性推解出了人类文明中极具特征的美学比例，该法则被广泛应用在绘画、建筑、音乐乃至社会和谐构建之中，体现出天然的比例性、协调性和艺术性。这些在"最少支付原理"（第二章）中已有叙述。

在现代社会物理学研究中，关注到由人群组成的社会系统，对任何一个命题总是存在两组对立的观点。理论上，对这个同一命题所表现出的不同观点，其实质本来是一个程度不等的连续谱，为方便起见假如取其简并度为1，则对命题认知的分歧将被概括成两种方向上互为对立的观点群，这相当符合上述例举中的 a、b 两组自然数。在社会系统整体集合中，对同一命题存在两类观点普遍显现在现实之中，如何定量判断这两种观点的社会效应，运用黄金分割法则有可能获取比较精确的解释。

实例证明，当所举 a、b 两组数据变成 $a=b$ 时，所获取的算术平均值、几何平均值和调和平均值应当全部相等，即 $\bar{S}=\bar{J}=\bar{T}$；一旦出现 $a \neq b$ 且 $a>b$ 时，则有 $\bar{S}>\bar{J}>\bar{T}$ 的结果。

作为一个特例，现在计算当 $b=1/2a$ 时的算术平均值与调和平均值之间的关系：

$$\bar{S}=\frac{1}{2}(a+b)=\frac{1}{2}a+\frac{1}{2}b=\frac{3}{4}a$$

$$\bar{T}=\frac{2}{\frac{1}{a}+\frac{1}{b}}=\frac{2}{3}a$$

$$\frac{\bar{T}}{\bar{S}}=\frac{\frac{2}{3}a}{\frac{3}{4}a}=\frac{8}{9}\approx 0.89 \tag{5.30}$$

因为 $\bar{S}=\bar{T}$ 时，$\bar{T}/\bar{S}=1$，意味着在整个线段上各占 0.5；而当 $\bar{S} \neq \bar{T}$ 且 $a=2b$ 时，其解相当于对 $\bar{S}=\bar{T}$ 时（各占 0.5）的订正值，即有

0. 5±0.39

该结论符合社会常态下的群体组织情景。在无外力干预下，社会结构由于 $a \neq b$ 且 $a>b$ 时的分布形态不会处于 0.5 的正中点，行为选择具有 ±0. 39 的偏移。此时应依据 a 与 b 偏离的大小去评估行为选择的范畴。

第四节　行为选择共鸣性定则

行为选择的安全性与心理接收度，将以共鸣性的程度加以说明。在社会群体结构中，共鸣性定则是行为选择的重要组成部分。试举每个人在经历中都能体验到的事例：其一，在大众集会中，一个精彩的演讲和一项出色的表演，会激起人们共有的热望，在鼓掌表示认同时，最初阶段表现得热烈但并不整齐，其后在无统一指挥状况下会自发地转换成全场节奏一致的韵律。其二，在学校集体宿舍中，室友七八人各说自己的经历或感想，常常会不由自主地归结为去讨论某个共有的主题，当一个主题维持一段时间后，又会转换成大家感兴趣的另一共同主题，尤其是在海阔天空谈论时，还会骤然出现一个"寂静"的空间，所有人一言不发，空气似乎"停滞"了。以上两个能普遍遇到的现象，揭示出社会群体共鸣性的存在和表现。

社会系统(群体)在周期性外力激励下，必然存在自身的受迫反应(振动)，当外力的频率同系统(群体)的固有频率接近或相等时，受迫反应(振动)会产生异常的放大效应，这就是群体式共振(共鸣)。行为选择的共鸣性是群体行为非线性强度的一个重要标志，它将会在瞬间放大行为选择的幅度，产生在正常状态下可能达不到的效果。所有的社会事件都会找到行为共鸣的影子，这种共鸣也是行为选择中出现"集体歇斯底里"的内在推动力。

由此，群体行为的共鸣性定则有其最基本的依据：其一，寻找到众人共同追寻的"最大公约数"，例如，共同追求美，共同希望花费低的最少付出，共同崇拜英雄，共同欣赏特异事物，共同具有同情弱者的恻隐之心等。苏联在一夜之间解体，是其建国七十余年，公众心中积蓄了共同的戾气，当其频率同激发频率一致时，一个寻常事件亦能引发巨大的能量喷发，成为共鸣性出现的典型事例。其二，存在着具有"点燃"群体内心深处共有频率的外在手段或激发频率。其三，群体之间的"传染"作用。群体行为中奉行的从众性或从上性，使得占有"道德高地"者的发声，能产生对"粉丝"的超常激励作用，助推受迫反应并形成叠加效应，将会使原先群体组成者各自分散的诉求（频率）所带来的"阻尼"在相应的"公约数"中瞬间消失，产生了巨量的放大作用。

群体行为选择中的共鸣性，多出于寻求安全、寻求力量、寻求优越、寻求认同、寻求满足、寻求高地甚至寻求发泄的心理惯势，也是理性失灵、情绪失控、经验失忆、意愿非理、隐性自我中心顽强显现并寻求快意放大的非常态流露。

第五节　行为选择竞争性的 SOCTONE 定则

无论在社会系统的微观层次，还是在宏观层次，行为选择的竞争性普遍存在。只要行为的选择目标、选择方式、选择机会等存在差异，就必然产生差异双方在行为选择上的竞争。行为选择竞争的空间域集中在不同目标追求下的"过渡带"或"交错带"，通称"竞争带"上显现。

一、SOCTONE 的意义

在普遍理解上，任何行为选择的目标追求或利益追求都不是单向的和孤立的。在社会系统组成的粒子之间，以及由粒子形成的群体之间，行为选择的意愿永远都会存在差异，表现出社会引力与社会斥力共同作用下的实时图景。如果承认作用场的变化连续性和强度递减性，这种图案的景观映象投射在物理平面上，就会形成疏密结构的空间条纹。对由于社会引力和社会斥力共同作用下所产生的行为选择竞争性，以及由此形成的非均匀、各向异性特征的结构，构造出行为选择竞争性的空间表达。而空间表达上的疏密映象则是行为选择中社会引力与社会斥力互相作用下的实际表达。这种处于两大利益集团交互竞争作用下的特殊空间域，本书用 SOCTONE 表达之。

SOCTONE 定义：在社会系统中，凡处于引力与斥力相互竞争的社会结构、社会能量、社会功能、社会诉求所形成的"行为选择界面"，以及围绕该行为选择界面所形成的"过渡带"、"交错带"、"脆弱带"等所形成的社会空间域，被称为行为选择竞争带即 SOCTONE。行为选择竞争带必定是正反两种社会力作用下力图各自壮大的"中间地带"，抑或是最集中体现行为选择竞争的空间域。可以认为，SOCTONE 的范围或形状属于空间变迁的范畴，SOCTONE 随时间变化属于行为选择的时间范畴，而 SOCTONE 的抗逆性、缓冲性、易变性及选择偏好，属于行为选择的质量范畴。空间、时间、质量的三维组合及其动态演化，代表着由于社会引力和斥力互相作用下对行为选择竞争性的诠释。

二、SOCTONE 的易变性

社会环境或社会组织无一例外地均表现出广义的非均衡。非均衡中最直观的表现，又必然归结到"广义界面"的讨论。因为在通常意义上去理解，界面被视为各相对均衡要素之间"梯度异常转换"或"异常空间邻接"的标识。从定性上描述，SOCTONE 的"竞争带"基本特征，可被表达如下：

（1）可被代替的概率大，竞争性表现的程度高；

（2）存在可以恢复原状的可逆性机会；

（3）抗干扰的能力弱，对于改变现状的外力，只具相对低的阻抗；

（4）界面变化速度快，空间归并能力显著；

（5）非线性集中表达区，非连续性集中显示区，行为选择突变的触发区，社会多样性的出现区；

（6）SOCTONE 本身，不等同于社会质量最差的地区，也不等同于社会生产力水平最低的地区，只是在社会形态结构与改变速率上，在抵抗外来干扰的耐力上，在保持系统的稳定性上，在相应于社会行为的竞争度上，可以明确表达的"易变"。

三、SOCTONE 的函数表达

社会系统之间完全分明的确定性邻接界线，在现实世界几乎不存在。绝大多数交界表现为一个"过渡带"，于是研究该"过渡带"的形态、尺度、规模、性质及动态，就决定了 SOCTONE 的"竞争带"特点。

首先提出**假设**：对于任何一个独立社会系统而言，从其典型位置(引力或斥力中心)向其边缘的渐近递推，被认为是连续的，并有条件地使用一类正态函数去加以描述。

对于此假设，还要作出合乎理性的注记：

（1）如总体性质向四周递推的真实函数，不呈正态分布时，可以通过适当的数学变换，使它适应正态函数的表达方式；

（2）如无法应用数学方法把真实分布函数调整到正态函数的形式，亦可采用更加合宜的分布函数，这在本质上并不影响对 SOCTONE 的解析。

上述假设告诉我们：所谓的正态函数分布形式可以作为特例，去说明行为竞争带的解析原理，它不排斥应用其他函数形式的同等真确性。

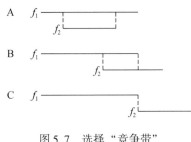

图 5.7　选择"竞争带"

两个独立的社会系统，所产生的相交界面，一般存在三种状况（图 5.7）：

在图 5.7 中，A 为全重叠，表达一个社会系统 f_2 完全被另一个社会系统 f_1 所包容，并可理解成"无竞争"性表现。B 为部分重叠，表达一个社会系统与另一个相抗衡，其重叠部分（交错部分）具有可逆变化的特征，理解成"社会行为选择的基本竞争形态"。C 为无重叠，其交错部分的空间范围相对狭窄或为零，可理解为实际状况下的"行为选择竞争终结期"。

在承认上述假设前提下，SOCTONE 的函数解析，主要集中于图 5.7 中对 B 所描述的状态（A 与 C 可以考虑成 B 的特例）。正态函数的表述，逻辑地写出

$$f_1 = N_1(x_1, \sigma_1) \tag{5.31}$$

$$f_2 = N_2(x_2, \sigma_2) \tag{5.32}$$

在这两个函数（f_1，f_2）在"重叠域"上的解，代表了行为竞争空间的位置及交互程度。如果将正态函数的分布范围限定在

$$x_1 \pm 3\sigma_1$$

$$x_2 \pm 3\sigma_2$$

则表达成 SOCTONE 的如下指标：

（1）宽度指标 K

$$K = \left[\pm 3(\sigma_1 + \sigma_2) \right] - (\pm 3\sigma_2) \tag{5.33}$$

K 是事实上的行为竞争带宽度，代表着空间交错带的规模。K 随时间的变化（自身的加宽和狭缩，或者在相同宽度下的整体空间移动），描述了 SOCTONE 的空间定义域。

（2）重叠度指标 W，即 SOCTONE 中对两类正反的社会作用力（社会引力与社会斥力）竞争下的重叠度，在数学上表现为两者的"交集"。

$$W_1 = \int_{-3\sigma_1}^{3\sigma_1} N_1(x_1, \sigma_1)\, dx_1 \ \cap\ \int_{-3\sigma_2}^{3\sigma_2} N_2(x_2, \sigma_2)\, dx_2 \qquad (5.34)$$

同样，占据社会系统 f_2 的空间比例

$$W_2 = \int_{-3\sigma_2}^{3\sigma_2} N_2(x_2, \sigma_2)\, dx_2 \ \cap\ \int_{-3\sigma_1}^{3\sigma_1} N_1(x_1, \sigma_1)\, dx_1 \qquad (5.35)$$

由此，只有当竞争双方的体量和力度一致时（反映为两个正态分布函数完全相等时），下式成立：

$$W_2 = W_1 \qquad (5.36)$$

上述公式中的符号，与规范的正态分布函数相同。由于 W_1 和 W_2 分别在 f_1 和 f_2 中所占据的比重不同，重叠度指标 W 代表着两个系统互为竞争时的规模与权重，亦可理解为一个系统对另一个系统的"竞争"程度的不同。它与 K 一道，从静态分析中较好地描述了 SOCTONE 的定量特征。

如果出现了另外情形，即描述各个社会系统性质的函数关系，为非正态函数的分布形态，并不妨碍上述结论的真确性。只要能寻找出确切的表达形式（用 f'_1 和 f'_2 表示之），此时只要解出 $f'_1 \cap f'_2$，依照相同思路可以方便地获得 SOCTONE 的宽度指标 K 及重叠度指标 W。

四、SOCTONE 的竞争度指标 F

仅有 SOCTONE 的宽度指标 K 与重叠度指标 W，尚不足以深入揭示行为选择的竞争性。因为此两者只注重 SOCTONE 的空间规模和权重，而竞争度指标 F 才能认识 SOCTONE 的本质，由此也才会对行为选择的"竞争带"进行有意义的时空对比。

1. 竞争度指标之一 F_1

应用集合论去研究 SOCTONE 的"竞争带"强度，构成了竞争度指标 F_1。在 SOCTONE 中(即重叠部分)，依照社会系统 f_1、f_2，拟定出具有反映竞争状况的标准。作为例子，令这些标准分别为 α、β、γ；而后将整个竞争带分为具有相同面积的"象元"，形成一个空间网络。在每一个网格中，依照上述的标准 α、β、γ，分别独立地填入格网所属。总的格网象元数目为 N，每个象元以独立的和相等的"机会"响应于 α、β、γ 后，分别占据象元数为 n_α、n_β 和 n_γ，则可以期望在概率

$$P(A) = \frac{n_\alpha}{N}$$

$$P(B) = \frac{n_\beta}{N}$$

$$P(C) = \frac{n_\gamma}{N} \tag{5.37}$$

因为已经假定：三个标准 α、β、γ 之间是独立的并不具有内在的"隐含关系"，则该 SOCTONE 内组合后的独立事件，由概率理论导出

$$E(\alpha) = P(\alpha) = \{[P(\alpha)P(\beta) + P(\alpha)P(\gamma)] - P(\alpha)P(\beta)P(\gamma)\}$$

$$E(\beta) = P(\beta) = \{[P(\alpha)P(\beta) + P(\beta)P(\gamma)] - P(\alpha)P(\beta)P(\gamma)\}$$

$$E(\gamma) = P(\gamma) = \{[P(\alpha)P(\gamma) + P(\gamma)P(\beta)] - P(\alpha)P(\beta)P(\gamma)\} \tag{5.38}$$

$$E[\alpha\beta] = P(\alpha)P(\beta) - P(\alpha)P(\beta)P(\gamma)$$

$$E[\alpha\gamma] = P(\alpha)P(\gamma) - P(\alpha)P(\beta)P(\gamma) \tag{5.39}$$

$$E[\beta\gamma] = P(\beta)P(\gamma) - P(\alpha)P(\beta)P(\gamma)$$

$$E[\alpha\beta\gamma] = P(\alpha)P(\beta)P(\gamma) \tag{5.40}$$

公式(5.38)~(5.40)中的 $E[\cdot]$ 为事件的期望概率。由"期望概率"与实际观测后获得的"真实概率"之间的对比，可以揭示 SOCTONE 的竞争特性，亦即社会系统 f_1 与 f_2 在交互区内的"竞争状态"、"侵袭状态"与"混交状态"。

在此基础上，通过"标准化"或"规范化"的处理，考虑有关标准在 SOCTONE 内的"最大重叠"，作为衡量 SOCTONE 的竞争度的比率。采用集合论中"交集"之间的比较，最后获得竞争度指标 F_1。F_1 是在考虑最大的 $\alpha \cap \beta \cap \gamma$ 之后完成的。由此所得到的竞争度指标 F_1 表示成

$$F_1 = \frac{R - E[R]}{\max[R] - E[R]} \tag{5.41}$$

式中，R 代表实际观测 $\alpha \cap \beta \cap \gamma$ 的面积；$E[R]$ 为采用概率所计算的"期望面积"；$\max[R]$ 为最大可能观测到的"重叠面积"，即最大的 $\alpha \cap \beta \cap \gamma$。

F_1 处于 0 与 1 之间，它越接近于 1，则发生重叠的面积越大，表达为实质上竞争性越强。F_1 在方程(5.41)中也有可能出现负值，它意味着 SOCTONE 处于反竞争的方向。

2. 竞争度指标之二 F_2

应用一般的"信息度量"，去表述 SOCTONE 的"竞争性"强度，并由此生成竞争度指标 F_2。

依照社会系统 f_1，f_2 典型指标的"优先排序"，并假设在排序中的系统性质蜕变已被包括其中。同样在 SOCTONE 内随机选择出 N 个象元，每个象元具有相同的面积。对 f_1 而言，典型指标优先排序可能有 S 个类别(F_1)分类(F_2)，其中每一类别所具有的象元数目分别为 n_1，n_2，$\cdots$，n_i，并有

$$\sum_{i=1}^{S} n_i = N \tag{5.42}$$

由此看出，在 SOCTONE 中的指标优先排序(从最典型的到最不典型的)为"全谱系"的。因此，可以独立地拟定 f_2 的典型指标优先排序，并假定有 T 个类别，形成分类 F_2。在 F_2 中的每一个类别所具有的象元数目，分别为 m_1，m_2，$\cdots$，m_j，并有

$$\sum_{j=1}^{T} m_j = N \tag{5.43}$$

在所列出的 $S \times T$ 矩阵中，可以得出

$$\sum_{i=1}^{S} \sum_{j=1}^{T} a_{ij} = N \qquad (5.44)$$

式中，a_{ij} 为 $S \times T$ 矩阵中的元素，它们体现了两类社会系统性质的混交及迭合。进一步指出，$S \times T$ 矩阵所表达的基本意义是：在 SOCTONE 中的象元总数目 N，每一个象元内两种社会系统成分的叠合越小，或被"改造"的成分越少，那么该 SOCTONE 的竞争程度亦越小；反之，两种社会系统成分的叠合越大，其竞争程度亦越大。通过这种思考，有可能应用"信息度量"方法去加以实现。

在 SOCTONE 中，对于分类 F_1，其"自身信息量"$I(F_1)$ 为

$$I(F_1) = N\ln N - \sum_{i=1}^{S} n_i \ln n_i \qquad (5.45)$$

同理，对于分类 F_2，其"自身信息量"$I(F_2)$ 为

$$I(F_2) = N\ln N - \sum_{j=1}^{T} m_j \ln m_j \qquad (5.46)$$

很显然，$I(F_1)$ 和 $I(F_2)$ 与各个分类数目的矩阵"行和"及"列和"有关。由此出发，代表两个社会系统总体特征的"联合信息量"$I(F_1,F_2)$，则应表示成

$$I(F_1,F_2) = N\ln N - \sum_{i=1}^{S} \sum_{j=1}^{T} a_{ij} \ln a_{ij} \qquad (5.47)$$

它们与同时反映两类社会系统的综合因素 a_{ij} 密切相关。在此基础上，提出了"公用信息量"$\hat{I}(F_1,F_2)$ 的概念。按照有关的研究，"公用信息量"事实上是两个社会系统"自身信息量"与其"联合信息量"之差，这从本质上反映出两个社会系统性质的"迭合度"，即

$$\hat{I}(F_1,F_2) = I(F_1) + I(F_2) - I(F_1,F_2)$$

$$= N\ln N + \sum_{i=1}^{S} \sum_{j=1}^{T} a_{ij} \ln a_{ij} - \sum_{i=1}^{S} n_i \ln n_i - \sum_{j=1}^{T} m_j \ln m_j \qquad (5.48)$$

似乎不加证明就能获得：两个在空间上相邻接的社会系统 f_1 和 f_2，其

"信息量总和"等值于"联合信息量"$I(F_1,F_2)$与"公用信息量"$\dot{I}(F_1,F_2)$两者之和。使用基本的示意图，对 SOCTONE 的"竞争度"进行衡量（为方便起见，所举例子仅针对 F_2 的竞争而言）。

在图 5.8 中，社会系统性质 F_1 对 F_2 的侵袭（竞争），或 F_2 对 F_1 的脆弱（让渡），比较形象地被反映出来。

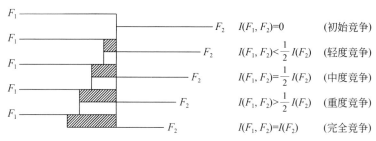

图 5.8　社会行为竞争性的信息度量

在上述原则下，提出了 SOCTONE 的脆弱度指标 F_2，并表达为

$$F_2 = \frac{\dot{I}(F_1,F_2)}{I(F_1,F_2)} = \frac{N\ln N + \sum\limits_{i=1}^{S}\sum\limits_{j=1}^{T} a_{ij}\ln a_{ij} - \sum\limits_{i=1}^{S} n_i\ln n_i - \sum\limits_{j=1}^{T} m_j\ln m_j}{N\ln N - \sum\limits_{i=1}^{S}\sum\limits_{j=1}^{T} a_{ij}\ln a_{ij}} \qquad (5.49)$$

F_2 也是介于 0~1 的数值谱。如果 $F_2=0$，则"公用信息量"为 0，两个社会系统在性质之间无重叠，代表完全独立，处于讨论范围中的竞争度下限；当 $F_2=1$，"公用信息量"完全等值于两个社会系统的"联合信息量"，两者完全"亲和"，处于在讨论范围中的竞争度上限。

五、SOCTONE 的进一步表达

我们所讨论的重点，为 SOCTONE 竞争进程的不可逆类型。倘若两个相接社会系统之间，出现了在行为选择竞争进程中的往复运动，仍然可以从以上的描述中，寻找出基本遵循的思路，只是应对前述结论作出必要的订正。

SOCTONE 的"竞争性"强度，当然首先与 $F_i(i=1,2)$ 有直接联系。但仅仅提出竞争度指标 F_i，似乎仍然不能把 SOCTONE 的动态变化诸如空间占有程度、竞争带边缘移动速率、竞争带边界移动方向等，同时纳入到全面的考虑之中。为了克服这样的弱点，可以作出一项基本假定：在单位时间内，SOCTONE 竞争带边缘的绝对移动距离为 d，同时按照通常给定的原则：

$$\frac{d_{t+1} - d_t}{d_t} = 0，即 d_{t+1} = d_t$$

$$\frac{d_{t+1} - d_t}{d_t} > 0，即 d_{t+1} > d_t$$

$$\frac{d_{t+1} - d_t}{d_t} < 0，即 d_{t+1} < d_t$$

此时，所考虑的 SOCTONE "竞争性"强度，除了与竞争度指标 F_i 有关外，还与"竞争交界带"的动态行为耦联起来，从而作出更加确定的表达。为此，需要设计出动态变化的最终竞争度指标 $D(F)$，并表示为

$$D(F) = F_i\left(1 + \frac{d_{t+1}}{d_{t+1} + d_t}\right) \tag{5.50}$$

式中，$F_i(i=1,2)$ 为前述的竞争度指标。如果 $d_{t+1} = d_t$，则 F_i 本身应再加上 $F_i/2$ 的竞争程度(非绝对度量，下同)，此时的 $D(F)$ 事实上考虑了交界带内竞争的深化与空间移动程度两者的共同效应。如果 $d_{t+1} = 0$ 则 $D(F) = F_i$，表示只有交界带内的竞争度深化过程，并没有出现空间扩张效应。如果 $d_t = 0$，而 $d_{t+1} > 0$，则 $D(F) = 2F_i$，则同时考虑了竞争度深化及空间移动具扩张两者的叠加。如果出现 $d_{t+1} < 0，|d_{t+1}| < |d_t|$，则有正效应(针对竞争的深化而言)产生。

SOCTONE 应用对行为选择竞争带的基础判定，将可对社会群体在引力

与斥力(反引力)互相作用下的空间划分及竞争强度进行分级，它不仅有利于对社会物理学中行为选择基本理论的深入认识，也将对社会治理结构和制度安排提出明确的宏观判据。

行为选择的竞争性普遍存在于社会系统的动态变化之中，这种变化的内因取决于竞争能力的大小、方向和变化，最终体现出一幅永不停歇的变化图景。

第六节　行为选择第一目标——生存

社会行为选择目标的重要性具有等级次序，在社会层级分布序列中，处于首要目标的行为选择就是"生存"。生存(存活)蕴涵着生命体最本质的"负熵积聚"行为，以保持该层级的负熵积聚成为生命粒子的识别基态，这也是社会个体行为的最基础、最首要、最必须的选择。社会个体粒子存在于一个概率的空间，不确定性是其生存基态必然经受的标识。在思考社会个体粒子行为选择的第一目标也是最底层级的保持时，探索一种规范定量的格式是必要的。许多复杂现象通过压缩简并度，即能以第一近似的假设把原先复杂的或无法定量的问题，转化成可识别、可定量、可解析的形式，并且成为社会物理学的主要研究内容之一。

依照此种设计，实施抽象并进行定量标识是十分必要的。一般会将其还原至最本质、最简单的表达(如计算科学还原至"比特"，生命科学还原至"基因"等)，此时就能感觉到数学上、物理上、化学上的相关理论和方法能得到最简单、最有效的诠释。拟定出这样一种规范格式，被用以去测度社会粒子行为选择的目标、方向和路径，这就意味着有可能通过随机模型去识别和解释原本认为极其复杂的现象。这恰恰如热力学中所包含的巨量分子那样，通过合理的对大量微观数目寻求其统计特征，去获取所表达的宏观确定性，从而在恰当的尺度中去认识、解释乃至预测社会个体（粒子）行为或群体行为选择的规律性。

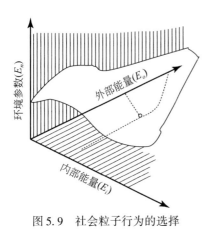

图 5.9　社会粒子行为的选择

随着对认知社会粒子行为选择特性的深化，必然要归结到概率性随机模型的提出，这正如理论物理学那样，随着实验不断发现的新事实，提供了构建具有解释意义的各种模型，它们遵从演绎的范式，在验证条件下逐步逼近所追索的目标函数。对社会粒子行为的选择，也可以在不同的环境下（内部和外部），表达出某种三维空间上的模型构建（图 5.9）。

如以 Y 表示社会个体（社会粒子）的行为选择，它至少应当是

$$Y = f(E_i, E_o, E_n, S, t, \cdots) \tag{5.51}$$

式中，E_i 为内部能量；E_o 为外部能量；E_n 为环境参数；S 为空间；t 为时间。

图 5.9 中类似于一个波浪形的"求解面"，可以被认为是在 t，S 确定情形下社会行为选择的解或称"基态存活响应面"。这种响应面的准确图形，在一般情形下是某种未知形态，这就牵涉到个体行为的概率特性，在时间和空间的变化状态中，去获得大量粒子平均状况下的宏观识别。

在这样一个概率世界的环境中，作为个体的社会粒子第一行为选择模式也只能考虑其平均状况下的概率表达，从而改变因袭的思维方式，代之以一种随机的、概率的眼光重塑对生命基态（第一行为选择目标）的认识。它说明，任何一个社会粒子要保持处于最低规定条件时的"共性"，必须要具备保证基态层级汲取最低限负熵以维持"存活"的能力。这样，在一个概率世界中，要取得基态层级存活能力的社会粒子，必定应具有特定的搜寻程序和

学习范式。在一个简单的空间中，设定由直线纵横交叉所形成有 100 个交叉点的方阵。其中任何一个社会粒子(个体)，为了获取基态层级负熵的"共性"需求，均需在所拟空间中通过汲取负熵(寻找"食物")以维持作为生命体存在的可能，这当然是任何社会粒子的第一行为选择目的，否则由于寻找食物失败而最终丧失掉作为一个生命粒子的可能性。

进一步加以简化，该社会粒子只是简单地思考在本时段目标函数("存活")的实现，暂不考虑更下一时段的命运(这符合概率世界的表征)，对此可以权且称其为"得过且过"的活命哲学，如此假定将有利于构建概率模型以进行定量的表述，同时这也基本符合位于最低等级上基态层级的思维水平。例如，在已经定义的具有 100 个格网的空间内，获取负熵的食物资源存在位置呈现出随机分布，而不是随处皆有的确定性、超均匀分布，更不可能在消耗之后能立即再生，这也是概率世界的时空所规定的。

在所定义空间内，提供供给生命体负熵的资源(食物)显示出随机分布的概率特性，并且规定资源随机堆放在所定义空间格网的交叉点上，只要能被搜寻者(生命粒子)找到，即可维持该社会粒子在规定时段(步数)内的负熵水平并表现出可以存活的状态，而一旦错失选择目标，失掉在规定条件下获得资源(食物)的机会，就意味该生命粒子失去基态层级的负熵水平，该粒子也将会消失不复存在。进一步假定社会生命粒子不具备记忆，它存活的每一步都必须依靠概率式的行为选择去进行生存命运的赌博。

无论一个社会粒子在$(t+1)$时段的命运如何，在图 5.10 的环境中，其存活概率均取决以下四种情形。这四种情形中的前两种由自然环境中的资源随机分布所决定，后两种情形由社会粒子本身的能力和水平所决定。在可能想象的状态下，将社会粒子能否保持基态存活状态简化为主方—客方交互系统，而且主方和客方均都处于概率描述的情景之下。

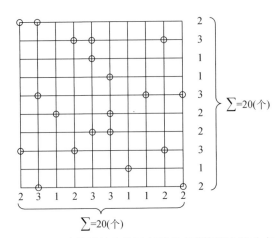

图 5.10 为维持社会粒子存活基态的资源空间分布

具体到图 5.10 的分析，在 100 个交点组成的格网中随机分布着 20 处食物堆放的点，如果在该 10×10 空间内仅有一个社会个体粒子，规定他每一次只能向前搜寻一个格网距离(步长)的交点。外部空间对社会粒子能否维持第一行为选择在基态层级上的成功，显然取决于存在食物堆放的密度(丰富程度)。在极端情形下，假定每一个交点上均都存在着相应的食物堆放，这对于保证社会粒子基态能级的获得具有确定性的解，生命粒子无论作何行为选择，也不会被"饿死"。在另一极端条件下，所有的 100 个交点上均不存在任何食物堆放，这同样也具有"确定性"的解，即粒子行为无论作何选择最终必然都是失败的，均逃脱不掉"死亡"的命运。而实际情形是：行为目标选择处于两个极端之间的概率世界之中，随机性的解才是在常态下行为选择的追寻。以图 5.10 所示的例子，在 100 个格网交点上，只有随机分布的 20 个交点上存在食物，即负熵资源有 0.20 的概率分布在这个特定的空间，这里使用 $P=0.20$ 的数值作为表征资源数值随机存在的概率。

在影响社会粒子维持基态层级(存活)的条件中，除了上述的资源在空间随机分布密度(0.20)外，还必须考虑在该空间中的路径选择因子，即从位于图 5.10 中某个格网交点出发所供选择方向的数目。在这个十分直接的空间分析中得知，可供生命粒子选择路径的数目越多，代表该个体粒子进行选择的机会越多，其实质就说明了这个粒子在任一特定时刻对其行为目标选择的有效性增加。注意到(图 5.10)所列出的空间格网，不同空间位置的交点具有不同的选择性数目，共分为三类情形（图5.11）：其一为"角点"共4个，当社会粒子抵达角点时它只具有唯一一个的方向选择。其二为格网中的"边点"共32个，当社会粒子从任一方向抵达"边点"后，其后该粒子具有两个方向选择，这实质上就比"角点"多了一个选择机会。除去4个"角点"（只具一个选择性）和32个"边点"（具有两个选择性）外，其余还有64个"中心点"处于格网的完全包围之中，每个"中心点"具有三个选择性。可以看出，选择性越多，对于社会粒子而言所获得存活基态能级负熵供给的概率就越大，由此构成了社会粒子争取获得负熵以维持存活的第二种判断。

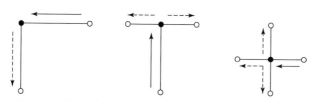

图5.11　位于"角点"、"边点"和"中心点"的选择性计量

经过分析后，可以将图5.11示例的社会粒子在搜寻食物时所具有的路径选择机会列于表5.1。

表5.1　第一行为目标的路径选择机会（10×10 的空间格网）

点所处位置	数目	具有的选择性
角点	4	4×1＝4
边点	32	32×2＝64
中心点	64	64×3＝192
总计	100	260

考虑在平均状态下，对于图5.10总计的100个交点而言，具有平均的选择路径数目为260÷100＝2.6。

数值2.6代表着一个社会粒子为保持第一行为选择在示例空间内共有260个选择机会，平均有2.6个可供选择的概率，此处将平均选择机会的概

率用符号 d 表示。

以上的资源存放密度和可供选择的路径，共同构成了个体粒子第一行为选择的外部状态。

在判断社会粒子获得行为选择第一基态的概率计算中，尚有另外两个涉及该社会粒子自身能力的内部条件：其一是该粒子所具备的储存能力，即在其耗尽所具"负熵"前为搜寻新资源所能坚持的"时长"，在本例中转化成该粒子在空间行为搜寻中的耐久力，这种耐久力既取决于基因遗传的原始储备，也取决于后天通过"学习"获得的附加储备，最终表现在该社会粒子失去保持其基本生存特性前所能允许继续搜寻的步数，这种能力此处用符号 H 表示。其二是生命体存活概率的大小还取决该社会个体粒子的预测能力或前瞻能力，其意义代表了社会粒子在搜寻行为开始前具有向前看到图 5.10 所示格网的步长距离数。如该社会粒子仅仅只能看见前进方向上的一个步长，其搜寻能力影响存活的概率就会比较小；而假如该社会粒子能看到前进方向上的步长越多，意味着它的前瞻能力越强，显然保持层级基态即第一行为选择的成功概率就会呈非线性增加。这一"能力"提示，社会粒子要保持自己在层级基态上行为选择的成功，很大可能是通过对客体环境的认识深度去加大，这就来自于该社会粒子通过扩大自身认知半径去提高第一行为选择成功率的能力，该要素用符号 v 表征。本例中应用该社会粒子处在特定空间格点上向前感知步长或交点数目去表示，其实质上代表了行为者的感知范围或称识别半径。

如上所述，影响社会粒子在其第一行为选择中(保持存活)能否保持层级基态水平的所有四个因素均在设定的模拟状态下符合规定。考虑到定量的模拟程序，对于四个变量并在图 5.10 设计基础上分别给出相应的数值(表 5.2)。

表 5.2　社会粒子保持对基态能力行为选择(保持存活)的变量假定

变量	符号	模拟赋值(按图 5.10)
(1)外部变量		
资源存在密度	P	$20/100 = 0.20$
具有的选择性	d	$260/100 = 2.6$
(2)内部变量		
自身忍耐力	H	3.0
前视能力	V	1.0

依照表 5.2 所列赋值,一个社会粒子在连续 H 次移动后,实现满足资源存在概率密度(0.20)下的第一行为选择成功的目标,该社会粒子必须再移动 v 次步长后,才能真正到达资源存放处并获取保证存活的负熵以维持"存活"层次的基态要求。这肯定代表了在上述变量的模拟数据的假定中,一个社会粒子只有当具备比 H 小 v 次移动的数值时,才真正具备了"存活"即行为选择成功的可能。这里所谓的"存活",特指社会粒子满足在规定变量下可成功获取的负熵补充。如果定义这个社会粒子在选择中可以存活的概率为 η,很明显不能存活即行为选择失败的概率为$(1-\eta)$,意味着该社会粒子在图 5.10 假定空间内经过$(H-v)$次移动后仍未能获取赖以维持其负熵汲取的食物。计算的$(1-\eta)$的数学表达可以写成

$$(1-\eta) = \left[(1-P)^{d^v} \right]^{(H-v)} = \left[(1-P) \right]^{(H-v) \times d^v} \tag{5.52}$$

在本例中代入所拟条件

$$(1-\eta) = \left[(1-0.20) \right]^{(3-1) \times 2.6^1} \approx 0.3134 \tag{5.53}$$

所得出的 0.3134 代表了在示例条件下,该社会粒子第一行为选择的失败概率为 0.3134,也就意味着它能够维持存活的可能性不到 70%。

如上述所拟的四个变量的赋值发生某种变动,将对行为选择的成功率有极大影响,即能够极大影响着社会粒子维持层级基态的存活状况。例如,该社会粒子在经过耐久力锻炼后,其忍耐力从 3 增加 1 倍到 6,那么在其他条

件均不改变情形下它可能失去存活的概率将大大降低，即为

$$(1-\eta) = \left[(1-0.20) \right]^{(6-1)\times 2.6^1} = 0.0549 \tag{5.54}$$

它意味着该社会粒子存活概率从原先不到70%，一下子上升到大约94%，可见行为选择中的第一目标即保持存活这个层级基态的能力，由于参数 H 的改变，第一行为选择的成功率在原来基础上提高了将近30%。依照社会物理学对社会层级的定义，任何一个社会粒子的第一行为选择目标总是顽强地希望保持在基态的位置上即存活状态，因为一旦失去了存活这个层级，就标志着它已经退出作为社会的生命粒子应持负熵的最低阈值，完全退出了所有有关社会行为的范畴。

计算指出，当社会粒子仅仅提升个体忍耐力这个变量后，对可以维持层级基态的概率分布(存活)已产生十分巨大的影响，它也意味着任何一个社会个体(粒子)为维持生命基态所作出的行为选择，都会自发地去改变储存能力，以获取能够保持基态要求之中的最低愿望(维持个体生命的存活)。一个社会粒子的忍耐力从3增加到6之后，仅此一项使该生命粒子的第一行为选择成功率即其保持基态的生命存活能力产生显著提高。

同样，如果将所有四个变量参数中的其他变量如资源存在密度 P 也提升1倍，在其他参数不变的条件下，$1-\eta$ 也会将从原先的0.3134降低到0.07，即从原先仅有2/3的存活概率提高到将近0.93。如果将所列的四个变量参数都从原始假设分别提高1倍，则有

$$1-\eta = \left[(1-0.40) \right]^{(6-1)\times 5.2^2}$$
$$= (0.60)^{135.2} = 0.1 \times 10^{-25} \approx 0 \tag{5.55}$$

计算出的存活概率几乎接近100%。可见，为达到行为选择第一目标的成功，即保证粒子的基态存活能力，式(5.55)的结果当然是极其鼓舞的。

只有在所有行为选择中首先保证第一层级(基态)的成功即保持在生命存活的前提下，其他更高层次的行为选择才具有可靠的前提。

第七节 Abler 模型改进

在社会物理学中，阿伯勒(Abler)等在 1971 年曾建立一个比较完整的行为概率搜寻模式。该模式作为第一行为选择目标对空间维持生命过程所必须的资源发现、资源获得具有基础性意义。Abler 模式把社会粒子为维持基态的生命存活如何在空间中的"搜寻"和"学习"过程，作出了数量上的抽象。

阿伯勒认为：行为搜寻可被理解成是在一个规定空间中，处于某一"点位"的搜寻者所能感知周围点数是否存放食物(资源供给)的能力，它将是提升行为选择成功率的重要组成参数。很显然，该行为搜寻者能够一次预见到的点数越多，它的搜寻行为结果越有效，选择目标的成功概率也就越高，相应的存活机会也就越大。当行为者在一个规定空间内连续移动 m 次后，Abler 模式导出了该搜寻者所感知或预见获得食物点的总数为 $m \cdot d^v$ (符号意义见前)，并为此拟出了计算程序，最终将其导入对 $1-\eta$ (见前)的求解之中。

鉴于 d 和 v 的确定对于社会粒子第一行为选择目标成功的概率具有重大意义，而规定空间中行为主体所能预见的总能力或总水平又是解析 $1-\eta$ 的关键算子，本书在 Abler 模式基础上进行了更为深入的研究，同时发现 Abler 模式对搜寻者空间预见总能力的理论和计算存在不妥之处。

情形 I 倘若一个行为者处于足够大的空间，该网络的 $d=4$ (理解为从一个点同时向外发散可供行为者选择的路径数目)，并规定该生命粒子搜寻的前视能力 $v=1$，代表了它在一个点上"各向同性地"只能向前四个方向上各感知一个格网的距离，而且该行为搜寻者具有自发远离原点的意愿或趋向。

情形 I 规定了搜寻者保持同一方向前进(图 5.12)在经过连续移动后，所能发现和感知存放食物的总点数，按照直线搜寻的方式进行计算：

在出发的原点位置，无需证明，搜寻者将能同时感知周围四个方向任何

一个距离为一个步长的点，加上原点本身，其感知量为

$$d^v + 1 = v_0$$

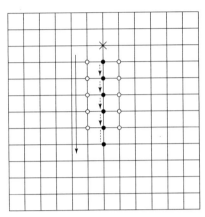

式中，v_0 为处于原点时的感知量。行为者一旦从原点开始移动，该搜寻者的行为选择目标走向一个已经被"感知"的新点上，此时再应用 $v = 1$ 的前视能力，同样又会在新点的相同直线方向上感知更新的点，只是当其向后观看时，所感知的点恰是在到达新点前的出发"原点"。从知识的总体而言，该点已不具备信息量（图5.12）。

✕ 为出发原点　● 为所选择的点
○ 为所感知的点　⇢ 为行进方向
图5.12　行进方式的情形 I

依此类推，当其移动 m 次后能够感知的总点数为如下数列：

移动步数	前视状况	感知总量
0	$4^1 + 1 = v_0$	5
1	$(4^1 \times 1 - 1) + v_0$	8
2	$(4^1 \times 2 - 2) + v_0$	11
⋮	⋮	⋮
m	$(d^v \cdot m - m) + v_0$	$m(4^1 - 1) + 5$

由此，总结出情形 I 的一般表达式为

$$\sum_m N_i = [m(d^v - 1)] + v_0, (m = 1, 2, \cdots) \tag{5.56}$$

式中，N_1 为情形 I 中搜寻者每移动一步所能感知的信息量；$\sum N_1$ 代表了在该种情形下搜寻者能预见到搜寻空间的全部信息总量。

　　情形 II　沿袭情形 I 的基本规定，只是要求搜寻者的行进方向或移动路线不为直线，而是在每一次移动后均变换方向，导致最终基础方向为网络的

"对角线"，如图 5.13 所示。

在情形 II 中，处于原点位置时的感知数量不变。一旦搜寻者连续依次换向移动之后，就与情形 I 的"线性前进"有了明显差异，即该搜寻者处于移动后(除了第 1 步)的"新点"上，其中必有两个点的信息已为移动的前一步所感知，这样与 Abler 模式相比，就较大地缩小了对知识总体的感知量。即使与情形 I 相比，感知的信息总量也要减少。试看如下数列：

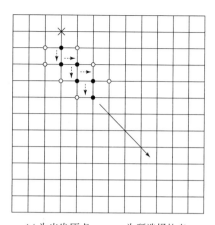

× 为出发原点　● 为所选择的点
○ 为所感知的点　➠ 为行进方向
图 5.13　行进方式的情形 II

移动步数	前视状况且	感知总量
0	$4^1+1=v_0$	5
1	$4^1 \times 1-(1+0)+v_0$	8
2	$4^1 \times 2-(2+1)+v_0$	10
⋮	⋮	⋮
m	$d^v \cdot m-(m+m-1)+v_0$	$m(4^1-2)+6$

由此，获得情形 II 的一般表达式

$$\sum_m N_2 = m(d^v-2)+(v_0+1)\,,\,(m=1,2,3,\cdots) \tag{5.57}$$

式中，N_2 为情形 II 中搜寻者每移动一步所感知的信息量。

情形 III　情形 I 和情形 II 虽然是严格假设条件下的分析，但它们还只能是实际状况(情形 III)下进行分析的基础与出发点。

实际的空间搜寻行为，不会总是依照"线性方向"的情形 I，也不会总是依照依次连续"折线方向"的情形 II，而是一种完全随机的移动方式，这无疑增加了解析的复杂性。在坚持搜寻者所处空间和其他规定条件不变下，可以推断出移动的随机方向具有 $d-1$ 种可能(只是在移动的第一步，有 d 种可能的方向选择)。真实条件下，行为者的非第一步搜寻，应有三种选择：由所在位置点向前(线性)；由所在位置点向左(折向)；由所在位置点向右(折向)。无论取三种可能中的任一种，概率上具有等同性。于是，在完全随机的方向选择时，该搜寻者移动 m 次后所能感知的"真实"信息总量($\sum N_a$)，可以取如下的最终表达形式

$$\sum_m N_a = \frac{\sum_m N_1 + 2\sum_m N_2}{3} = \left[md^v - \left(\frac{5m-2}{3} \right) \right] + v_0 \qquad (5.58)$$

情形Ⅲ所给出的解，在理论上和数值计算上，具有更加接近实际搜寻的结论。

作为进一步的说明，详细对比了 Abler 模式和"N 模式"之间的计算结果，并且与实际的模拟试验作了比较。当规定 $d=4$、$v=1$，并且均不考虑 v_0 时，作为一个社会生命粒子的搜寻者在经过不同次数移动后，所能感知的信息总体计算如下(表 5.3)。

表 5.3　N 模式对 Abler 模式的订正

	$m=1$	$m=2$	$m=3$	$m=4$	$m=5$	$\cdots$	$m=10$
Abler 模式	4	8	12	16	20	$\cdots$	40
N_1 模式	3	6	9	12	15	$\cdots$	30
N_2 模式	3	5	7	9	11	$\cdots$	20
N_a 模式	3	5.33	7.67	10	12.33	$\cdots$	24
模拟结果(10 次平均)	3	5.33±0.26	7.67±0.23	10±0.20	12.33±0.16	$\cdots$	24±0.13

表 5.3 数值显示，Abler 模式的假设偏离实际状况较大，因而所得的信息感知总量过大。当 $m=10$ 时，它是 N_1 模式的 1.33 倍，是 N_2 模式的 2 倍，是 N_a 模式的 1.67 倍。而 N_a 模式由于更加接近实际，因此，所得数据与实

际模拟结果更相符；而且随着 m 的增大，其相符程度会越来越好。

与 Abler 模式相比，N_a 模式的订正具有如下特点：①在解析上完成了更加接近理想的模式表达；②在推导上完成了 N_a 最终表达式的逻辑系列；③把一般的理想状态推延到实际的随机状态；④计算的结果具有更大合理性；⑤在特定搜寻行为评价中，可以帮助计算出更加精确的存活概率。

第六章　社会燃烧理论
Chapter 6　The Social Combustion Theory（SCT）

从高处往下看——这山河大地，不论是城市、山林或世间万物，一切都在燃烧中。

——释迦牟尼

第一节　社会热力学解释

如果把社会的个体成员，比拟成物质结构中的粒子，并且在始终不停地运动中。但是如何去观察他们的总体行动，经典热力学把"温度"视作分子平均动能的表征，并且成为检视物质内在运动强度的标志。分子的热运动，同时也被视作粒子无序程度的标识，粒子之间的混乱和无序程度，其平均状态在宏观上就相当于对其温度的识别。尤其是玻尔兹曼的熵定义之后，把熵值增大所对应的微观状态数目增多两者之间建立起精确的联系，这对于认识"社会温度"的本质以及"社会温度"的定标，开辟了全新的视野。

玻尔兹曼熵的定义，不仅可以作为社会温度的理论解释，还可进一步为社会温度的标定，提供充分的理论依据。社会温度的实质，最终将被还原到社会个体组成中微观状态数目的多少(无序程度或混乱程度),并由此建立微观状态数目—混乱程度—无序水平—社会温度之间的对应关系。这就将社会成员存在状态的统计性度量,同社会温度体系的建立及其相应的标度识别,寻找到了可以解释的途径。

众所周知,经典热力学中对熵的提出和应用,已成功被扩展到超越热力学的更加广阔的领域,只要承认不确定性对应着无序或混乱的真确性,并还原出熵值变化的粒子运动响应,即可通过不确定性理论的阐述,进而与混乱程度(也可理解成社会群体组织性的平均数和在该同一平均数下各社会粒子偏离平均数的随机离散程度)建立起相应的关系。

承认不确定性或混乱程度(无序程度)与社会温度的对应,可依照薛定谔的论述,不确定性程度及其持续时间长度,总是与粒子间(社会个体间)混乱程度所花费的能量具有可联系与可计算的关系。社会物理学意义下所呈现的混乱和无序,其实质取决于两大范畴的能量博弈:其一称为社会约束能量(SW)(指社会法律约束和道德约束所形成的外部约束能量总和);其二是社会个体自发式寻求突破约束(即抗拒外力)的内力总和,两者作用的结果就成为对社会温度(ST)计量的映射。这两类能量(外部约束能量和内部自由能量)之比(SW)/σ(ST),代表了对社会系统维系当前稳固性和持续性的度量,式中的 σ 相当于热力学中的气体常数。由此,在一个社会系统中维持有序的能量和体现社会温度(无序程度)之间的关系,为社会热力学对社会温度的理解提供了深层次的理解途径。

统计指出,随着社会成员数量增多及其形成微观状态数目的增多,维持社会系统稳定的外力约束必然越来越大。这是因为组成的社会成员数量与其不确定性或混乱程度有直接的关系。简单的理解,当分母中 ST 越大,维持比值 SW/σ(ST)不变条件下,SW 即外力约束也必须相应加大,否则就将对社会系统的有序性维系产生不利影响,甚至会导致社会系统的崩溃和解体。

换另外一种解释：社会有序性取决于外部压力总和与以社会温度为代表的内部动力之间的对抗。如上所述，在不同社会温度下，社会系统的组织程度、有序性、稳定性，也许在社会学中是最能引发兴趣的问题。社会系统中外力组合的共同作用（SW），与体现内力作用的社会粒子平均动能［社会温度（ST）］之间关系常可表述成

$$t = q e^{SW/\sigma(ST)} \qquad (6.1)$$

这是经典热力学模型在衡量社会有序性度量时的变换，其中 q 是对不同制度、不同文化、不同信仰在时空条件下所表达的适配系数。公式（6.1）的本质取决于 $SW/\sigma(ST)$ 的比值。一般情形下，$\sigma(ST)$ 在 SW 的绝对约束之下，国家制度体系和社会秩序得以维系。但随着 ST 增大，即社会中个体粒子表达出的平均动能增加，社会混乱度必然加大，会使得 $SW/\sigma(ST)$ 的比值变小，如系数 q 不变，发生社会系统转换变化（或称动乱）的时间 t 将缩小，而当 $e^{SW/\sigma(ST)}$ 即指数的幂值变成常数 1 时，在特定制度、文化、信仰和不同时空下维持 q 值不变条件下，作为一种临界条件代表了从有序社会转化成无序所需的时长 t。引用薛定谔的示例：在经典热力学中，如果 $W/(RT) = 30$ ［R 为气体常数，此比值相当于公式（6.1）中的 $SW/\sigma(ST)$］，系统从有序转换成混乱的时间 t，约为 1/10 秒，如果 $W/(RT)$ 的比值变小，t（从有序转化为无序的期望时长）就会越来越短。移植到对社会有序性的理解，在 SW 不变条件下，随着 ST 的升高，即社会内部无序性加大，$SW/\sigma(ST)$ 的比值将不断缩小，社会从有序转向无序的"期望时长"t 也必定要缩短。纵观人类历史的演进，一个朝代更替，一种制度演变，其实质就是社会温度不断递增引发的结果。因而监测 $SW/\sigma(ST)$ 的比值尤其是 ST 的变化，对社会系统稳定性的定量评估有着十分重要的意义。仍以上述经典热力学中的示例，薛定谔指出：$W/(RT) = 30$，期待系统结构转变的时长 t 只有 1/10 秒。而当 $W/(RT) = 50$，期待系统结构转变的时长会增加到 16 个月。进一步当 $W/(RT) = 60$ 时，

期待系统结构转变（从有序转化成无序）所需的时间 t 将会延长到 3 万年。将其意涵转换到社会系统，社会有序性的维持也必须同时从两方面入手：一方面从制度建设和道德养成中加大 SW 的数值即加大对社会系统的约束性能量；另一方面通过缩小"社会痛苦指数"而减低社会温度，从而增大 $SW/\sigma(ST)$ 的比值，达到维系社会秩序和保持社会的稳定性。

可以理解，一个社会系统维系的时间越长，意味着社会系统的有序性保持越好。对处在分子上的 SW 进行改进固然重要，但提升 SW 的难度和所耗费的成本，始终不如降低 ST（作为分母）的成效更加明显。一种制度的维系和有序性的保持，将更加有赖于设法不间断降低 ST 的数值。

另外，申农在定义信息熵的描述中，也将信息量大小与确定性（有序性）之间建立起定量关系，所依据的理论基础其实质就是对玻尔兹曼熵定义下的扩展，本书将其移植到对社会温度的认识，同样具有解释的内在统一性。

第二节　熵与社会温度

社会系统处于平衡态时，承认系统劣质化进程的实质就是从有序向无序的临界转换。

思考社会系统在瞬间状态发生一个趋于无限小的变化，并且很容易认为这是在一个平衡态宏观环境下的一种可逆变化，此时系统对原始态的偏离可以用某种接近零变化下的线性形式加以表达，并且只能是从原始状态下的玻尔兹曼分布，变化到某个新的差别无限小的状态：

$$ds = kd\,\log w$$

$$= -kd\sum_i n_i \log n_i$$

$$= -k\sum_i dn_i \log n_i \tag{6.2}$$

由公式(6.2)可以认为，存在 $\sum\limits_i \mathrm{d}n_i = \mathrm{d}\sum\limits_i n_i$ 的成立，此处的 n_i 为处于不同社会能级下的微观粒子数，也可理解为在社会某个层阶下存在的社会成员数。

对一个有限的内生变化过程，社会系统熵的变化转换成社会温度的关系

$$\Delta S = SQ_{可逆} \qquad (6.3)$$

式中，ΔS 为社会系统熵变化；$SQ_{可逆}$ 为社会热容量，是需要确定的量。该式说明，如果希望计算社会系统状态从 t_1 变化到 t_2(t 为时段)的熵变 ΔS，只需要考虑两个时段间社会热容量的可逆变化，而社会热容量在上节中被定义为外部约束力(法律约束和道德约束的总和，即 SE)与内部力(自发性突破束缚的意愿和行动)相互作用的终结结果，也相当于量子物理学中规定的 $E/(RT)$ 之间的比值，它代表了外力与内力共同作用下社会系统保持水平的状态。

可以想象，只要对社会系统"加热"(理解成为突破外力约束的社会温度的增加)，社会的混乱度或粒子解构的微观数目随之增大，表现为社会系统的无序性增大。倘若该过程是在外力不变情形下进行的，则 $Q_{可逆} = SC_p\mathrm{d}T$，此中的 SC_p 为定压下(即外部力不变下)的社会无序性度量，于是有

$$\mathrm{d}S = \frac{SC_p\mathrm{d}ST}{ST} \qquad (6.4)$$

或者把该社会系统从社会温度 ST_1 提高到 ST_2，换算成在外力不变情景下的社会熵变化：

$$\mathrm{d}S = \int_{ST_1}^{ST_2} \frac{SC_p}{ST}\mathrm{d}ST \qquad (6.5)$$

此处如考虑社会稳定系统的 SC_p 为常数时，则有

$$\mathrm{d}S = SC_p\ln\frac{ST_2}{ST_1} \qquad (6.6)$$

公式(6.6)说明，社会系统的劣质化(理解为社会的无序性度量或混乱度度量加大)，可以用社会系统的熵变化说明之，而对社会系统熵变的最好度量，又可通过对社会温度的认识加以实现。在此意义上，建立起熵与社会温度以及相应的社会热力学梯度的解释。

上已述及，社会温度被认为是社会无序程度(混乱度)或不确定性的平均标识。在热力学解释中，温度通常用平均动能表达。在玻尔兹曼的熵解释中，温度以组成粒子的无序程度表达。社会温度用来衡量社会组成粒子的"整齐"程度，粒子的组成越整齐、越有序，所表达的社会熵值就越低，也代表着社会温度的降低。随着整齐度变小，有序性变差，熵值增大，所对应的社会温度也在增加，体现在社会有序性下降，混乱度加大。

与此相应，在最少支付原理和主流疲劳原理共同作用下，社会粒子永远具有突破 $E_{外}$ 即 SW 的自发意愿和能力，这种自发的意愿和能力积累起来形成了与 $E_{外}$(SW)相抗衡的力 $E_{内}$(ST)。$E_{外}$ 和 $E_{内}$ 两者的共同作用，显示出社会温度的定值与变化。在概念上，ST 有可能用下式加以阐述：

$$ST = r'\log G \tag{6.7}$$

式中，r' 为类似于玻尔兹曼常数的系数；G 代表在 $E_{外}/E_{内}$ 比值制约下所含社会粒子的微观数目；$E_{外}/E_{内}$ 比值变化与社会有序性的关系识别如下：

当 $\dfrac{E_{外}}{E_{内}} \to \infty$，$G = 1$，$S = 0$，$ST = 0$

当 $\dfrac{E_{外}}{E_{内}} = 1$，$G = G_C$，$S = S_C$，$ST = ST_C$

当 $\dfrac{E_{外}}{E_{内}} \to 0$，$G \to \infty$，$S \to \infty$，$ST \to \infty$

社会物理研究特别关注，当 $E_{外}/E_{内} = 1$ 时的 G_C、S_C 和 ST_C，分别称为临界微观数目、临界熵和临界社会温度。在 $E_{外}$ 不变条件下，由于"社会痛苦指数"的积累，使得微观数目 G 不断增大，可以明显地应用社会温度的变化去衡量此种社会系统劣质化的动态水平。当 $E_外$ 明显地超出 $E_内$ 情形下，外场压力过大，强烈压缩 $E_内$ 的增长，使得微观数目逐渐趋向 1，此时的社会熵趋于 0，可将此时的社会温度定标为社会系统的"绝对零度"。

社会温度从它的"绝对零度"起，随着 $E_内$ 不断增大直到 $E_外 = E_内$，此时社会系统组成成员的微观数目达到了从一种状态向另一种状态突变的临界点（即 G_C，也称"死亡交叉"），此时所对应的社会熵变成发生突变转换时的临界熵 S_C。处于临界社会温度（ST_C）时，犹如伊辛模型中所谓的"居里温度"，它说明当社会温度达到临界的 ST_C 时，会在短时间急速出现社会系统的整体转换相变。因此，在外力和内力达到平衡，即 $E_外 = E_内$ 时，可以定标此时的社会温度是发生社会"相变"（系统转换）的临界温度。社会温度从"绝对零度"到达其相变临界值的连续变化，为社会温度的分度标定提供了可能，这也是社会物理学研究"社会燃烧理论"的重要前提。

第三节　社会燃烧理论

一、主流疲劳的实质

主流疲劳的实质是不可逆的熵增现象对社会系统的投射。热力学第二定律中，熵增现象是时间之矢并普遍存在的不可逆过程。物理粒子总是自发地朝向混乱、无序和抗拒外力约束的方向前进。社会系统中今天所建立的体系或秩序，随着时间的推移，具有朝着新的、丢弃现有的和朝着意想中新目标演化的自发趋向。社会燃烧理论正是对主流疲劳原理的解析性说明，即社会系统如何从一个有序的组织，经由"劣质化"过程，使社会系统走向无序、混乱、导致最终的崩溃。而后再通过"自组织"，建立起一个新的有序的社会系统。而且建构起新有序的社会系统又会经过同样方式的主流疲劳过程，重复已往的劣质化过程，形成社会变化行为波的周期性演替图式，即通常所谓的"合久必分，分久必合"。

社会燃烧理论（social combustion theory，SCT）克隆了自然界燃烧过程的三大基本要素，即燃烧物质、助燃剂和点火温度，它们最终所引发的社会剧烈反应。类似于此，社会燃烧理论首先通过"社会燃烧物质"的积累，相当于组成社会系统"基本粒子"（个体）在微观层次上从同化走向异化、从有序走向混乱、从整齐走向熵增大的路径，推动社会系统朝着劣质化方向演进所积聚的"基础社会能量"，这里社会燃烧物质的种类和强度，学者通常使用"社会痛苦指数"所积累的数量和强度去加以表征。此处所谓的社会痛苦指数如贫困率、失业率、犯罪率、腐败率、文盲率以及对自身目标实现的焦躁等二十余项，共同组成了引发社会劣质化的基础性能量。

社会燃烧物质又必须通过"社会助燃剂"的激发和催化，进一步向引发社会燃烧的方向前进。社会助燃剂一般以社会心理的整体恶化水平作为标识，它表现出的社会戾气或不理性，缩小了宽容度和理性思考的空间，表现为焦躁、易怒、走极端、不负责任的言行。通过社会助燃剂引发社会系统在无序化过程中的非线性增速，促使社会温度增高、社会熵增积聚一直到可能发生跃迁（破坏原系统）的临界程度。

最后还必须在"临界触发阈值"（相当于自然界的点火温度）的点燃下，通常它会以社会某个突发事件作为导火索，瞬间使得社会系统发生共鸣并最终完成了从有序到无序的"相变"，变换到社会系统劣质化进程的终点。

上述三大基本要素以及它们的非线性连续作用，共同组成了社会燃烧理论的核心内容，并在不同时间（t），不同空间（α）和不同属性（β）三个基本条件约束下，揭示出社会系统劣质化的整体解释。

二、社会系统劣质化

普利高津在《从混沌到有序》和哈肯在《协同学导论》中，解释了系统从无序向有序的转化，构造了系统重新走向有序化的路径，即从无序、混乱向新的有序、熵小方向的进化模式。实质上普里高津和哈肯还只是完成了整个社会行为波的半个部分，对其另一半，即系统组织如何从有序通过逐步劣质化或对系统有序状态的解构过程，特别是在一个新系统建立后，又必然会继续重复和经历从有序到无序的动力学解释，尚缺失对称式的共轭补足。在此种情势下，社会燃烧理论就成为补足这种共轭对称解释缺憾的另一半。必须在此两者共同作用下，社会系统行为波演化的全过程才得到统一性的弥补和完善(图6.1)。

建构　　　　　　　　　　解构

（耗散结构与协同，从无序到有序）　（社会燃烧理论，从有序到无序）

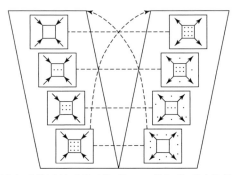

图6.1　社会系统波从建构到解构，又从解构到建构的共轭对称

社会系统的劣质化，被称为是社会系统全波表达的前一半，社会系统建构(优质化过程)，被称为是社会系统波的后一半，两者循环往复的周期性转化，构成了社会主流疲劳作用下所看到的社会系统的真实演化图景。社会

系统的组织性从有序向无序的蜕变，一般理解是对现行主流社会偏离水平或异化程度随时间增长的轨迹，也被理解成对当前社会系统组织性或有序性的劣质化过程。同时，也必须看到"系统波"过程的全貌，前一半的解构与后一半的建构所具有的共轭对称，共同形成社会运动演替的整体性规律。这种对称性组合(解构与建构)的孪生、互补与共轭并存，最终完成对"社会系统波"的全周期表达。以上表述被认为是建造社会燃烧理论的核心要点，也是主流疲劳原理宏观表达的中心思想。

已经述及，社会燃烧理论(SCT)是在特定时间(t)，特定空间(α)和特定社会属性(β)下，社会系统从常态到非常态、从有序到混乱、从建构到解构的社会系统波的演化动力学：

$$\text{SCT}(t,\alpha,\beta)=f_1(M) \cdot f_2(A) \cdot f_3(D) \tag{6.8}$$

式中，$f_1(M)$为社会燃烧物质；$f_2(A)$为社会助燃剂；$f_3(D)$为社会点燃温度。

$\text{SCT}(t, \alpha, \beta)$与复杂的多元状态变量之间，生成了直接的、间接的或潜在的复杂关系，反映出对社会系统中各类社会作用力互相影响、互相作用的综合度量。由于社会燃烧理论面对的现实社会系统，既存在自发地从有序向无序演化的主流疲劳表述，也存在从随机向自组织功能积累过程的表述；既包含有对现行制度的多方位离弃，也隐含着对原系统的定向性维护，这种二元性叠加(同时或依序)的解释，恰好说明了社会系统演化的复杂性。它把原系统的劣质化与新系统的再建构，作为社会进化周期性或社会系统波的整体识别有机地结合起来。原系统的解体(社会熵增大)和新系统的重构(社会熵减小)的多重交替和时空耦合，共同见证着社会系统的行为轨迹及其具有时间节律性的演化周期和循环往复的特质。

社会燃烧物质$[f_1(M)]$是在特定的(t, α, β)条件下，由社会中诸多背离"人与自然"关系和背离"人与人"关系这两者的综合叠加所共同反映的。$f_1(M)$随t、α、β的变化，服从于"拉格朗日社会变体方程"的形式，表达成

$$f_1(M)_{t,\alpha,\beta} = \int_t^{t+1} \left\{ 1 - \left[\frac{SK}{SK_0} - (ST - ST_0) \ln P \right] \right\} dt \qquad (6.9)$$

式中，SK 为维持社会系统有序的现实控制力；SK_0 为实现社会有序的理想控制力；ST 为背离社会有序状态下的现实"社会温度"；ST_0 为处于社会有序状态下的理想"社会温度"；P 为偏离现实社会系统的微观存在状态，P 值越高，偏离于主流社会系统的微观状态数越多。它基本服从玻尔兹曼原理下的概率分布特征。

SK、ST、P 之间，服从特定的关系，可以表达为

令 $P =$ 常数，SK ↑，ST ↓；SK ↓，ST ↑

令 ST = 常数，SK ↑，P ↓；SK ↓，P ↑

令 SK = 常数，ST ↑，P ↑；ST ↓，P ↓

当 $SK = SK_0$，$ST = ST_0$，$P = 1$ 时，则

$(ST - ST_0) \ln P = 0$，$f_1(M) = 0$

当 $SK = 0$，ST ↑ ∞，P ↑ ∞ 时，则

$(ST - ST_0) \ln P$ ↑ ∞，$f_1(M)$ ↑ ∞

上述逻辑判定，基本相当于本章第二节的推论。研究中，SK 作为维系主流社会正向有序的约束变量，通常是由"外部控制力、内部控制力、生存保障力、持续发展力"所组成，分别代表着制度、法律、军队、警察、认同、共识、心理、道德价值以及物质保障能力、发展满意能力和幸福感受水平等组成。

同时对现行主流社会系统的有序性实施解体的负向阻抗变量即消蚀变量 $(ST - ST_0) \ln P$，作为社会劣质化过程的动力，通常由"外部侵扰度、内部失序度、社会痛苦度和发展失调度"组成，分别代表着入侵、颠覆、动荡、失控、危机、腐败、不满、闹事、失业、贫困、犯罪等影响社会稳定的负面因素。它也可以表达成

$$(ST-ST_0)\ln P = \sum_i (ST-ST_0)\ln P_i \qquad (6.10)$$

如果 $SK/SK_0-(ST-ST_0)\ln P=1$，表示当时的社会燃烧物质为 0（理想的极限状态）；而当 $SK/SK_0-(ST-ST_0)\ln P\uparrow\infty$，表示社会燃烧物质已经完全充满社会，已达到社会系统解体所需的最大能量积蓄。

社会助燃剂 $[f_2(A)]$ 在特定 (t,α,β) 条件下，通常由社会平均心理状态水平所产生的社会活化能表达。

依据等概率原理，能量相同的可分辨的量子态，可以预期所出现的概率应当相等。在假定为非简并条件下，可以计算出类似于众多独立粒子（人的个体）在不同能级下社会活化能的分布概率。在承认玻尔兹曼社会能级分布的前提下，社会活化能的平均状态应可表达成

$$\overline{SU_u}=\overline{SU.}-SU_0 \qquad (6.11)$$

式中，$\overline{SU_u}$ 为社会助燃剂催化下所具有的社会活化能；$\overline{SU.}$ 为在玻尔兹曼能级分布中高出平均状态概率所积聚的平均社会活化能；SU_0 为正常社会心理状态下的平均社会活化能。

社会点燃温度 $[f_3(D)]$ 又称社会触发阈值，是指在特定 (t,α,β) 条件下，达到瞬间可以引起社会无序突变的触发值（引发大规模社会失控的突发事件）。该临界值所提供的平均能量，能够有效地突破现行制度下由外部压力所代表的"约束势垒"，表现为快变量形式瞬间实现类似于量子的跃迁，起到了社会系统危机事件的点火温度效应。

$$SE_d \geqslant SE_0 \qquad (6.12)$$

式中，SE_d 代表等于或大于社会触发阈值所需的平均势垒 SE_0。

在社会燃烧理论中，构成社会系统劣质化的三大要素，$f_1(M)$ 表达了对社会系统劣质化起支配作用或基础作用的慢变量，以概率形式规定其取值范围在 $0\sim1.0$；$f_2(A)$ 表达了对社会系统变化起催化作用的中变量，作为

$f_1(M)$的第一订正因子，它的概率形式规定取值范围为(0 ± 0.2)；$f_3(D)$表达了对社会系统起临界触发作用的快变量，作为$f_1(M)$的第二订正因子，概率形式下规定其取值范围为(0 ± 0.1)。三者之间的综合关系被写成

$$SCT_{t,\,\alpha,\,\beta} = \left\{ f_1(M)\exp\left[f_2(A)\right] \right\} \cdot \exp\left[f_3(D)\right]$$

$$= \left\{ \left[\int \left\{ 1 - \left[\frac{SK}{SK_0} - (ST - ST_0)\ln P \right] \right\} dt \right] \cdot \exp\left(\int \overline{SU}_u dt \right) \right\} \cdot \exp\left(\int SE_d dt \right)$$

$$(6.13)$$

由社会燃烧理论所导出的社会系统劣质化过程，最终表达成

$$SCT_{t,\alpha,\beta}(t+1) = SCT_{t,\alpha,\beta}(t) + \left\{ \int^{t+1} \left[f_1(M) \right] dt \cdot \exp\left[\int^{t+1} f_2(A) dt \right] \right\}$$

$$\cdot \exp \int^{t+1} \left[f_3(D) \right] dt \qquad (6.14)$$

社会燃烧理论解释了社会系统劣质化的动力学机制。通过借鉴物理学的基本思路，再通过社会规则和心理规则的有效修正，有可能获得对社会系统劣质化的全新解释。

必须强调，在社会燃烧理论中起基础作用是社会燃烧物质。由于在自发趋向下，社会个体与其向往的虚拟社会目标之间所产生的差异无时无刻地存在，从宏观上认识如观念差异、文化差异、民族差异、宗教差异和贫富差异五大基础差异，构成了产生社会燃烧物质必然积累的本质原因。

在社会燃烧物质不断积累的过程中，十分关注两种社会力的竞争和对比，即维系社会系统的外部力（包括法律的和道德的社会力）与扩大社会无序的负向力这两者之间的对抗作用，作用结果获得了在t时刻社会系统状态的瞬时映象。此种瞬时映象随时间的变化，揭示出社会燃烧物质随时间的净积累。

社会燃烧物质随时间的净积累，进一步还要通过社会助燃剂的催化，有效提升社会燃烧物质的作用规模、作用速度和作用强度，从而起到社会燃烧

理论中的"第一订正因子"功能。

在 $f_1(M)$ 和 $f_2(A)$ 的合力中，能否达到在 (t, α, β) 规定下的社会系统失序或崩溃，尚需考虑 $f_3(D)$ 能否对"社会触发阈值"的突破，从而使其成作为社会燃烧理论中的第二订正因子，它的参与最终可能完成"原状态"社会系统的解构，促使"新状态"社会系统的建构，达到社会燃烧理论在社会系统波中的全景式结果。

第七章　社会治理理论

Chapter 7　The Social Governance Theory（SGT）

人是生而自由的，但却无往不在枷锁之中。

——卢梭

第一节　寻求社会有序

任何科学理论的获得大约都通过两大途径：其一是在客观世界中观察各种事实而作出广泛结论后形成条例与体系的归纳法；其二是通过抽象或假说的逻辑推演和思辨加工并经检验后形成理论集合的演绎法。一般说来，科学家更喜欢将此两者结合起来交替使用。

针对分布学的内在分析，对认知众多组成成分十分复杂的巨系统，越来越重视具有某种普适意义下的"等级–大小"法则，认为可以从大量微观无序中，寻求出在宏观表现上可以识别的具有统领性的结论。

随着社会个体粒子依其能级大小（体能+技能+智能+良能+权能之总和）进行排列从而获得在自组织中从无序寻求有序的原始追求，"等级–大小"法则普遍存在的事实，使不少研究者惊喜地发现该法则在自然科学领域和人文科学领域所获得的共识。截至目前，"等级-大小"的幂次方程，虽然还是经验性和统计性的归纳，但已成为一种处理数列寻求有序的默认规则。

从 19 世纪末意大利的帕累托到近代美国的基夫等，都曾明确肯定"等级-大小"法则(也称幂次法则)的科学价值。克拉克(Clark)在研究空间关系时，在"等级-大小"法则原理中提取他所命名的"负幂(密度与距离)关系"，希图从另外一个角度阐述随着社会空间变化与所发生社会事实之间关系的对应规律。这些经验性的结论普遍受到社会物理学家的重视，也吸引了相当多的人进行长期研究并产生热烈的争论。例如，伊萨德(Isard)在 1956 年就指出："等级-大小"法则到底在多大程度上被证实是真确的和普适的？随后，克拉克作了答辩，认为由他所提出的"负幂(密度与距离)关系"在任何空间和时间中，均能显示出真确性。20 世纪 70 年代之后，上述法则经受科学家们的悉心检验，已经十分接近科学模型的要求。与此同时，有关这一结论真确性的讨论，也得到了较为精确的证明，这就使得"等级-大小"法则作为基础理论和方法有了它真正的地位。

"等级-大小"法则在社会物理学的应用中，更加看重该法则能将随机分布的大量个体，只要依照其大小次序排列出来，即能表达在宏观范畴中所表现出的某种统一认知的属性，由此成为从无序中寻求有序的工具。

现以城市等级的序列分布为例，阐述此项规则的基本内容。经过归纳之后的"等级-大小"法则认为：对于城市群(也称城市集合)来说，通常在特定地理区域内所有城市按其人口数量的大小进行排序后可以表达成规律性的解释：

$$P_r = \frac{P_1}{r} \tag{7.1}$$

式中，P_1 为该区域最大城市或等级排列中居于第一的城市人口；P_r 为等级序位排在第 r 序号的城市人口数目；q 为经验常数。由此得到

$$\log r = \log P_1 - q \log P_r \qquad (7.2)$$

据公式(7.1)和(7.2)，如果具备足够庞大的数据并按其大小排成数列后，即可在相应统计方式上得到城市等级系列序位 r 与所对应等级人口规模 P_r 之间的线性关系，该线性关系的"斜率"为 $-q$，而 $\log P_1$ 则可理解为图像中的"截距"。

也可使用另一种方法表达上述关系：由城市等级大小出发所作出的频率分布，无一例外均表现在统计意义上呈现一种高度斜交图案的规范方式。整个概率分配组合中的每一子系列，都能形成一个基本族类，而所有这些族类的表达形式都是统一的和相似的，均呈简单随机过程的稳态分布。如果承认城市系列中每一个级别的概率密度函数近似，那么该随机过程的稳定态就必然会表现出一种对数式的正态分布，即存在于该随机过程开始阶段的城市群和在过程结束阶段的城市群趋于相同，从而实现在一般意义上的稳定态。

假设一座城市，由它在统计意义上得出一个对任何城市都适用的表达式

$$d_x = d_0 \mathrm{e}^{-bx} \qquad (7.3)$$

式中，d_x 为与城市中心相距 x 处的人口密度；d_0 为城市中心的人口密度；b 为密度梯度。这是克拉克从大量的数据中导出的经验性表达。当然很容易将公式(7.3)改写为

$$\ln d_x = \ln d_0 - bx \qquad (7.4)$$

公式(7.4)形式本身与前述的"等级-大小"法则并无二致，克拉克称他的这种表达形式为"负幂(密度与距离)关系"。

后来，一些科学家进一步得出了对该规律的合理解释。这种推导也是由距城市中心以远的不同距离、不同收入水平、家庭生活处于不同阶段或以个人的租金以及运输成本变化过程的研究中得出的。

他们认为，从一个城市的中心位置起，到距离该中心为 m 处所拥有的居住人口数量在常态下服从

$$P_m = \int_0^m d_0 e^{-bx} (\pi 2x)\,dx \qquad (7.5)$$

公式(7.5)意味着整个城市空间的人口分布格局，可由参数 b 与 d_0 描述。也称参数 b 为城市人口的集中度(concentration)，称 d_0 为拥塞指数(index of congestion)。

任何一个城市体系均可获得"等级-大小"法则的认可。在等级序列处于 r "秩位"的城市人口 P_r，可以建立起与首位城市即第一号城市人口 P_1 的函数关系。城市人口的空间分布中，只要考虑整个城市系统中每个城市的等级位置及其"秩位"即可。由此可以体会出：通过"等级-大小"法则的论证和应用，得出空间分布与时间过程的耦合与统一，这种统一也是社会物理学中追求有序性研究的一个目标。

在"最少支付原理"一章中已述及克里斯塔勒提出的"中心地"理论。学者一致公认该理论从纯粹的演绎法中获得，它不仅形成了理论性的概念式表达，而且能用以解释范围更加广泛、更加复杂、具有大小数目和分布的体系。与此同时，该理论也被人们扩展到城市贸易及公共设施的解释。目前有关中心地理论的经验方法虽已日臻完善，但对其理论的满意度检验，仍是基于克里斯塔勒创立理论时所作的有关假定为前提的，克氏假定所研究的空间为"各向同性"的均匀空间。正因如此，对该理论曾经有过十分激烈的讨论，争辩和探求它是否具备基础理论的内涵普适性。例如，中心位置的等级分布系列是否具有确定不移的真确性，就是此种争辩的焦点之一。令人欣喜的是，这类问题自20世纪60年代之后，由于突破了"均匀性"假定的研究，所谓的争论已经基本上被完美地解决了。

上述"等级-大小"法则已在中心位置论所描述的系统之中得到充分的应用。在中心位置内所涉及的因素，也已从总体角度进行了评论，在一些不均衡和有变化的组合被补充进该模型之后(正如前所介绍的有关行政区划邻接的统计分析那样），进而又从经验中得出：特定人口密度下，中心位置的局部排列状况具有确定关系。一般均认为，在一系列局部地区中由中心位置理想格局所获得的随机变量，与根据人口密度推断区位结构的理论结果，互相结合在一起，再通过它们之间的相互作用，产生了可以被普遍承认的新规则。为此，首先定义以下一组符号的意义：

P_t 为一个中心位置将能服务的总人口。

P_c 为处于中心位置的人口。

P_v 为中心位置所能服务的乡村人口或较低等级城市的人口。

A 为一个中心位置服务范围的面积。

Q_t 为处于中心位置服务面积上的人口密度。

Q_v 为中心位置服务于低等级和乡村面积上的人口密度。

N 为该中心所能起到的社会服务职能的数目。而且由于社会服务职能可以被列入一个有规律的等级序列之中，能够写成 1，2，…，N，并且形成一个普遍存在的递增序列，其中最高等级的社会服务职能将由所拟定的中心位置去执行。

M 为能提供 N 型服务业务所建立的机构数目。

D_m 为最大（最远）距离的消费者进入等级为 N 的中心位置的路程，或是 N 型的服务所能达到的范围和量程。

然后建立以下一组恒等式：

$$P_t = P_c + P_v \qquad (7.6)$$

$$P_t = AQ_t \qquad (7.7)$$

$$P_v = AQ_v \qquad (7.8)$$

$$A = KD_m^q \qquad (7.9)$$

式中，K 与 q 为经验系数。图 7.1 指出恒等式 (7.7) 在美国五个不同区域的示例，其中在每一种情形，所服务的总人口与总面积的斜率在双对数计算上均以相同形式出现，代表了"等级–大小"法则的统一性和普适性。这样一来，研究区域之间的差异，也就唯一地被简化成只是人口密度的函数了。

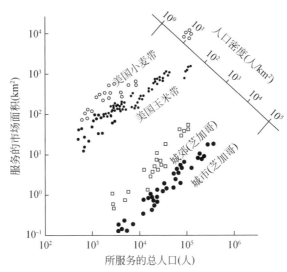

图 7.1　中心位置所服务的总人口与其范围大小的关系

承认这一点，空间结构方程就被简写出如下三个定量形式：

$$\log P_c = a_1 + b_1 N \tag{7.10}$$

$$\log D_m = a_2 + b_2 N \tag{7.11}$$

$$\log M = a_3 + b_3 \log P_t \tag{7.12}$$

通过截距 a_i 与回归系数（斜率）b_i 的不同变化，在任何一个研究区域，即在不同的人口密度水平下，都能服从这些结构方程。以上例子说明，应用"等级–大小"法则，会将复杂的、变量多的、初看无序的，统一成为简单的、有序的和可识别的规则形式。这种从无序寻求有序的思路，是社会治理理论所一直努力探求的。

由上述在二维空间平面上所处理的复杂内涵关系，可以作出如下小结：随着城市所服务的总人口的增长，处于中心位置的人口数目，也必然增加其在总人口中的比重，而这种倾向同人口的密度大致呈反向的变化，即

$$P_c = P_t^s w^{-s} Q_t^{-s} \qquad (7.13)$$

其中，$w = k\{\log^{-1}[qb^{-1}(a_2 - a_1 b_2)]\}$；$s = b_1/(qb_2)$。式中，$k$，$q$，$a_1$，$a_2$，$b_1$，$b_2$ 均为经验或统计系数。

与此同时，一个中心位置所能服务的面积，也将随着该中心位置的大小，呈现出指数形式的变化：

$$A = w P_c^x \qquad (7.14)$$

其中，$x = s^{-1}$。

而所设置的服务总数目，也将随着中心位置的大小和总人口密度的大小，呈现同样的指数变化：

$$M = g Q_t^{b_3} P_c^{b_3} \qquad (7.15)$$

其中，$\log g = a_3 + b_3 \log w$。

以上所有这些结构的和功能的方程，都视作是对"等级–大小"法则的合理支持，其中每一个经验型公式，在"等级–大小"法则的理论中都具有特定的含义。

尤其需要指出的是，在以前所讨论的空间结构关系，一般都是在静态基础上进行的，并未涉及其随时间的变化。而在"等级–大小"法则中，恰恰引入了它对动态变化特征的解析，亦即在研究中考虑到了"等级–大小"法则所联系的空间范围随时间变化所带来的结果，这种动态变化力图追求空间与时间在一个系统结构内的耦合以及内在统一问题，它显然也是对静态理论的丰富和扩展，同时还指出了从随机无序中寻求有序识别的基础思路所具有的普适性特点。

这里如果以 V 代表乡村，U 代表城镇，C 代表城市，针对美国则会发现

$$\log A_{UV} < 10.4 - 2.67 \log P_t \qquad (7.16)$$

$$\log A_{UU} < 9.3 - 2.067 \log P_t \qquad (7.17)$$

$$\log A_{UC} < 22.25 - 4.75 \log P_t \qquad (7.18)$$

与图 7.1 结合起来分析，一组不均匀性(随机的、离散的)的存在是实际的情景，但经过共有性质的提取和时空耦合的处理，有可能寻找出它们所具的有序性和统一性。这些实际存在的无序和不均匀性，正是通过"等级-大小"法则的组织性内涵在普适状况下的有序分析，并通过统计被经验地建立起来。

通过以上的基本分析，使得在随机状态下寻求有序的宏观表现，有一个比较全面和比较条理的认识。在社会治理理论构建中，所面对的对象在微观上均呈随机性和不确定性，而社会治理又要求必须从中寻取宏观上的有序性表达，以上的"等级-大小"法则也将通过扩展，被广泛应用在社会治理理论之中。

第二节　社会引力与斥力

社会治理理论必然涉及社会的引力和斥力，以及关注社会引力和社会斥力两者随时间的消长和变化。社会个体向宏观群体方向的组织结构升级，必然要形成有序的、更安全的、更具最少支付功能的社会系统。社会群体的建立也成为任何社会个体寻求自身最大利益的必然走向，这种必然性就是社会结构和社会运行建立制度和规则的依据，而制度和规则的制定又必然是在寻求宏观有序结果的前提下完成的。

社会行为所遵从的"最小支付原理"，在群体关系中能得到更加有效的显性表达，由此社会个体成员也只有在群体组织中才能进一步寻找到最小支付所必须的"互补"、"非线性增强"、"维持最优生命周期"等最大功能函数与最终目标函数的实现。

社会引力分别通过三种基础性"引力"组合而形成"社会引力束"，由社会引力束的作用社会得以组成群体的形态、关系、组织、结构、功能表达和社会动力学。现实社会系统构成中，组成的各社会个体粒子之间永远存在着引力，以及那种理论上认为社会个体粒子间既无引力也无斥力存在的"空想状态"，从而显现"鸡犬相闻，老死不相往来"的设计情景，在现实社会中是不可能存在的。构成所谓的三种基础性的"引力"集合，形成了社会的"引力束"，在社会个体向社会群体的构型中，已被识别为自发具有的"从上心理"，"从众心理"和"从源心理"。这三条所谓的社会引力内涵，天然地构成了现实的社会关系、社会组织、社会行为和社会演化。

"从上心理"，是指社会个体天然承认等级性所表达对于"亲疏关系"的距离判别映射。社会个体总具有首先选择它最熟悉、最亲近和认为最安全的另一社会个体作为自己首要的、当然的选择，由此形成以关系距离为特征的社会"初始性引力"。

"从众心理"，是指社会个体出于存在性、安全性的本能，对已形成多数个体(组团)的行为选择的认同或追随，由之形成了具有追随、模仿、认同、接纳的主观意愿，形成了较一致的社会群体及其主观诉求，这是形成以安全认同为特征的社会"学习性引力"。

"从源心理"是指个体为了占据道德高地和维系在群体中的领袖地位，以其经典性、先知性、正当性为据，在群体形成过程中所作的"引领性"宣示和"合理性"思辨，由此所形成的社会群体及其主观诉求，这是形成以位阶认同为特征的社会"理想性引力"。

"初始性引力、学习性引力、理想性引力"，共同构成了"社会引力束"并最终收敛于对"最少支付成本"原理的外向表达。社会引力束在不同时段、不同等级和不同空间规模中，为社会制度、社会法规、社会伦理的形成、稳固、分解或重组奠定了内在的基础。

对应于社会所具有隐性或显性的引力束，社会也天然存在隐性或显性的社会斥力束。产生社会斥力的本源来自于社会群体"规则"与社会个体"自由"两者之间所产生的天然背离、天然应力、天然落差。社会个体必然形成社会群体，而一旦社会群体产生了组织并有效运作，就必然形成"共有"的约束规则，这种共有的约束规则也被视为社会个体诉求在组织体系下所形成的"最大公约数"、"平均值"、"中值"等表达。十分明显，平均值（社会群体组织性共同约定的行为准则）与个体自由离散的随机值之间，既存在必然的联系，也存在天然的分歧，任何社会群体一旦形成都需要产生共守的"行为规范"和促成"平均值"的形成，而同时任何社会个体又天然要求突破共有规则离散在平均值两侧不同距离而不被约束，从而为维持社会个体的"行为自由"和"随心所欲"，这种既有天然联系又存在天然背离的分布状态，是产生"社会斥力"的初始基础。切萨雷·贝卡里亚（Beccaria，Marchese di）有句十分有名的话："每个人都希望有让别人遵守而自己例外的社会公约。"此类永远都有让别人遵守而自己可以例外的自发倾向，构成了社会斥力产生的原始性基础。

在社会行为选择中，绝对地不能摆脱"机会成本"的支付，也就是任何时候任何一种行为选择都具有丧失其他机会的"天然遗憾"，同时踏入两条以上河流的机会，同时享有所有利益的机会，永远不可能存在。那种期望实现机会成本等于零的结果只能是无望的幻觉。此类使得行为选择的满意概率永远达不到 1.0 的存在，被视为社会斥力产生的阻抗式基础。

社会个体天然追求而形成有组织的社会群体，同时从根本上就具有共性与个性的天然差异，这种共性与个性差异的大小移动在 0 与 1 之间，产生着不同程度的矛盾和摩擦，被视为社会斥力产生的选择性基础。

"初始性斥力、阻抗性斥力、选择性斥力"共同形成了社会斥力束。"社会斥力束"最终收敛于对"主流疲劳原理"的外向表达，它与社会引力束如影随形，对社会群体的消长，擒纵或变异，起到了对应式、共轭式的矛盾性基础。

"社会引力束"与"社会斥力束"的共轭并存，是社会形态、社会结构、社会演化的存在基础，它们共同支配着社会治理理论的总走势。

第三节　公信力执行力响应力

社会治理是在基本政治制度与传统文化基因总领下，通过结构治理、制度安排、路径选择、法规约束、道德养成、文明传承等对国家、对社会、对民众形成良治的整体塑造。

世界权威学者哈罗德·拉斯基（Harold Lasswell）在其名著《政治的语言：语义的定量研究》中，很肯定地认为："社会的存在就是为了达到全体成员的共有目的。"牛文元在关于社会物理学论述中也强调："社会公序良俗的养成，取决于社会治理结构的优化。"著名学者让-皮埃尔·戈丹的著作《何谓治理》小册子，受到全球的广泛关注，他认为治理是一种权力，"表现为一种柔性且有节制的权力。"

社会治理内涵的形成一般都包含四个基本依据：

（1）依据社会普朗克现象，判断是否充分满足对"自有负熵"的合理萃取。获得最少支付原理、主流疲劳原理、熵值守恒原理在优化基础上的交集最大化。

（2）建立以社会平均数（社会最大公约数）为基准的合理公序。

（3）缩狭随机数对平均值的离散，形成正宗文明。

（4）创建合理外部约束控制的力能结构。对一个稳定的制度和政权而言，此四者是其最为核心的任务。本章重点阐释保持社会公序和形成社会良俗的内在要求。

探索社会治理结构的理想图景，自古以来就是各类学者不懈追求的宏大目标。中国上古推崇的大同世界、天下为公（《礼记》礼运大同篇）。其后陶渊明的桃花源，明清之际启蒙思想家黄宗羲在《明夷待访录》中所设计的制度体系等，都对理想的社会治理与社会结构勾勒出美好的蓝图。在西方，古希腊先哲柏拉图的《理想国》，设计了一个真、善、美相统一的政体，正如他在书中结尾处所宣称的，"让我们永远走向上的路，追求正义和智慧"。再如空想社会主义创始人托马斯·莫尔（St. Thomas More）在他的名著《乌托邦》中虚构了一个他心目中的理想社会。迈克尔·桑德尔（Michael Sandel）在《公正》一书中用生动语言讲解公正，并重点强调个人、政府以及社会组织在寻求公正过程中所应扮演的角色。此外，让-雅克·卢梭（Jean-Jacques Rousseau）的《社会契约论》（Du Contrat Social），康帕内拉（Campanella）的《太阳城》，托马斯·霍布斯（Thomas Hobbes）的《利维坦》，詹姆斯·希尔顿（James Hilton）的《香格里拉》等思想启蒙者或小说家的著述，都从不同角度阐述了他们心目中对社会治理的理想范式。近代，马克思主义所倡导的共产主义，更是将历史文明中所向往的理想社会付诸实践。以上这些均一脉相承地把社会的良治与社会系统的优化，融入到现实社会的治理实践之中。

一个完整的社会治理结构，永远是由决策层（顶层）的"公信力"，施政层（中层）的"执行力"，受众层（基层）的"响应力"共同构成。一个优化的社会治理结构以及社会公序良俗的养成，都有赖于寻求上述三大层阶在优化状态下的综合结果。

在社会治理结构的三大层阶体系中，起核心作用的是"关键少数"即决策层的公信力。决策层公信力来源于科学性、预见性、艺术性以及对于现实选择的决断性，具体体现在：

（1）决策必须符合事物运行的内在规律；

（2）决策必须服从公众选择的最大意愿；

（3）政令发布的时间节点与空间范围必须符合过程寻优要求。

中国宋代政治家王安石在推行变法时，曾由衷感叹："自古驱民在信诚，一言为重百金轻"，就深谙公信力强弱是关乎社会治理成败的源头。如果决策粗糙、朝令夕改，必将对执政的公信力乃至执政的合理性投下沉重的阴影。西方一位权威选举专家曾说过：一次愚蠢的决策，就能丧失百分之十的选票。决策缜密、思虑周全、缩放有度、深孚众望，是对决策者贡献社会良治的基本要求。

社会治理的有效性，还取决施政层(中层)的执行力。一个健全社会治理中所形成的等级式治理分布，是普朗克现象在一个理想社会系统中的投影，在实质上体现了认知梯度、责任梯度和能力梯度。在普遍意义上认为：施政层(中层)的执行力既应保持与决策层的一致性，以体现整体社会治理要求的共同性与普适性，同时还应根据本区域的个性或特殊性对原始决策做出正向补充与优解修正，从中体现出有别于共性的个性。它通常以偏离决策核心的"离散度"不大于某个规定阈值作为衡量标准。由此看出，社会治理的普遍性与特殊性通过决策层与执行层的合理互补，构成了施政层(中层)执行力评价的识别和寻优。

在社会结构治理中，所颁政令和法度能否获得社会的响应，最终还要取决于受众层(基层)的共振度与响应力，这是衡量社会治理优质程度的最终检验。所谓的共振、共鸣、谐振，在本质上是对特定频率所作出正向增幅反应的计量。在社会治理中，如果基层受众对所发政令产生强烈共振，得到的社会响应力将进一步强化社会治理的效能和增进社会系统的统一有序，这种共振度增大了社会治理的良性方向，在实际效果上将会获得对期望值满意解的加权。

公信力、执行力、响应力三者在统一基础上的综合寻优和正向加权，是取得社会良治的本质要求。中枢政令所具备的"日中必彗、操刀必割、执斧必伐"科学决策，再通过社会治理结构链条的正向递推、内涵互检和共振增效，最终形成一个理想的社会治理体系和高效的社会效能体系。

第四节　社会治理三定则

上节已提出，社会治理结构的科学解析，由内部逻辑严整的三大层阶组成：首先是决策层(顶层)的公信力测度，其次是施政层(中层)的执行力测度，第三是受众层(基层)的响应力即社会公众的共振度测定。一个优化的社会治理结构和社会公序良俗的养成，始终在寻求三大层阶各自优化状态下的交集最大化，亦即求解满足社会治理所追求的最终目标函数。由此对三大分层体系的分别判定，构成了优化社会治理结构的三定则。

一、决策层(顶层)公信力定则

法律、法规、政策颁行的顶层设计必须把握科学内涵、道德高地、舆论主流、时势变化、发展阶段、文化惯势、心理版图并且契合民众的社会共鸣，才能得到拥戴和支持。通常政府公信力所包含的四大元素"贤良、效能、亲民、睿智"，也只有在洞悉社会规律和民众心理基础上，将政策、条例赋予科学思维和务实精神，才能获得决策公信力的最优解。

顶层设计和法规颁行是社会运行的神圣标尺，切忌粗疏、粗率和粗鲁，如处理不当将对社会治理源头的公信力具有极大杀伤力。

试举几例在中国由于政策设计的不严谨，对社会治理能力、执政能力和公信力所产生的影响：

(1)1977 年匆匆颁布的第二次汉字简化方案，由于存在种种不合理、不科学的弊端，招致多方非议，遂于 1986 年废止，造成诸多不良影响。

(2)1986 年发布的《在全国范围内实行夏时制的通知》，由于考虑中国国情不够，颁行后受到各方诟病，遂于 1992 年废止。

（3）自改革开放以来，北京市城市电话号码在短期内连续变动三次：从6位升至7位，从7位升至8位，区号由01变为010，类似的还有如汽车牌号变动和门牌号码变动等，均引起社会的反弹。

以上数端仅仅是一些个别案例。事实上，各级政府在颁行法规、制定条例时，由于随意、率性和不计后果，给执政公信力带来了很大的伤害。鉴于制定政策、法律、法规、条例的严肃性、权威性和可执行性，在社会治理结构中，制定政策的操作者必须关注如何将决策的内涵（科学性）和外延（可接受性）完整地统一起来，逐步达到顶层设计过程的规范化、程序化、可接受性、可延续性和可预见性，从而不断提升公信力及其在社会治理中的崇高威望。

在深入分析世界主要国家颁行法规条例成败的基础上，本书提出在顶层设计中关于各项政策法规如何以提升公信力为核心的"先验决策论"，并以此形成政策合理性检验的"沙盘推演"工具。先验决策论采用三大步骤即先导数据获得、专业流程分析和数学推理勘验，完整地将决策的有效性、普适性、可接受性和可预见性融为一体，将对决策公信力的形成和提升，显示出积极的成效。"先验决策论"要求在政策法规出台前就应预估实施过程与实施后效的合理性、有效性与可接受性，通过三大结合即推理与统计相结合、当前与后效相结合、定态与动态相结合，预测政策实施后的社会反映与接受水平，从而提高公信力水平，为源头的优化社会治理结构，奠定坚实的基础。

某主体A，在经历一个步阶后，有可能继续保持原状态A，也有可能改变为状态B，此种变化通常可以形成体现状态连续变化的时间序列。与此可以类比的是，某项政策法规颁行后，"赞成"的在经历一个时段后，可能继续赞成也可能转变为中立或"反对"；而原是"反对"的在经历一个时段后，也能表现出继续反对或者转为中立或"赞成"。此处所谓的状态A或状态B，代表不同事件、不同态度、不同方向、不同属性等，唯一视所研究的对象而定。本书中，A 表示对某项政令的"赞成"意愿，B 表示对该项政令的"反对"意愿，C 表示对此项政令的"中立"意愿。

简化起见，在足够长的时间序列中仅以 A、B 的表达值为代表，获取此时间序列中从 A 转向 B 和从 B 转向 A 的迁移概率，即如图 7.2 所举的一组随机系列，代表着经过 30 个步阶后的转换情形。

图 7.2　时间序列中的一组随机系列

其中，符号⌄代表从 A 转向 B，符号⌢代表从 A 仍延续为 A。在上述 30 个步阶中共有 15 组对，其中从 A 转向 B 的有 9 组对，从 A 继续维持为 A 的有 6 组对。如果将状态 A 转向 B 的概率记作 $P(B/A)$，而继续保持 A 的记作概率 $P(A/A)$，则有

$$P(B/\varepsilon) = 9/15 = 0.6 \tag{7.19}$$

$$P(A/\varepsilon) = 6/15 = 0.4 \tag{7.20}$$

ε 为整个时间序列的组对数($=15$)。先验决策法应用概率转移的矩阵运算，预先估计系列的过程达到稳定平衡时(即迁移概率作用下，时间系列收敛到一个规定允许的定值水平)，可依据此对该项顶层设计的社会公信度作出预估评价。一般而言，对一项政策的支持力和有效性，与公信度之间存在着线性的正相关，从中应能判定顶层设计所制定政策的社会治理效果。

首先要求在有限样本中寻求"迁移概率"并建造迁移概率矩阵。即如下例：设拥护该项决策者为 a，处中立状态者为 b，持反对态度者为 c，一个概念性过程的矩阵表如表 7.1 所示。

表 7.1　随时间变化的概率转移矩阵

		到将发生状态(*j*)		
		拥护	中立	反对
从现在状态(*i*)	拥护	aa	ab	ac
	中立	ba	bb	bc
	反对	ca	cb	cc

表 7.1 说明，当一个时段通过之后，原先持拥护立场继续保持的概率为（aa），转移为中立的概率为（ab），转移到反对的概率为（ac）。同样，原先保持中立的 b 在下一时段转移概率分别为 ba、bb、bc，持反对立场的 c 转移概率为 ca、cb、cc。

从统计学出发，在每项重大法规和政令出台之前，分别对三组人群的态度和走势有一个初始的把握（有限样本的原始取值），其中精英界认识（代表较理性）、公众界人士（代表社会性）、利益相关界人士（代表偏好性）均是随机选择的，而且在不同级别的层阶具有各自规定的最低样本量，以目前的中国为例，建议采取的最低样本数量列于（表 7.2）。

表 7.2　建议在中国获得决策公信度的最低样本数量　　（单位：人）

项目	中央决策	省部级决策	地市级决策	县市级决策
精英界	2000	1000	500	300
公众界	2000	1000	500	300
利益相关界	2000	1000	500	300
样本下限	6000	3000	1500	900

从表 7.2 中获得最低样本人数，将形成对顶层设计所采取的态度即"拥护 a"、"中立 b"、"反对 c"的初始值，标注为 Y、Z、F。

获得基础样本及其相应意愿的原始数据后，接着再由理论专家对其随时间的转移概率进行理性的推断评估，评估结果分别填入 aa、ab、ac，ba、bb、bc，ca、cb、cc 的概率矩阵中。一项顶层设计政策颁行的公信力测度遵循

$$(Y,Z,F)\begin{pmatrix} aa & ab & ac \\ ba & bb & bc \\ ca & cb & cc \end{pmatrix}^n \approx const \qquad (7.21)$$

公式(7.21)中的指数 n 表示对初始值在转移概率下实行迭代运算的幂次次数，它的取值由迭代运算结果趋于规定常数 const 时的次数所决定。一个具体示例的步骤如下：

（1）所获取的 Y、Z、F 初始值分别定为 0.3、0.5、0.2；

（2）所获取的转移概率：

$$aa = 0.9, \ ab = 0.1, \ ac = 0$$

$$ba = 0.1, \ bb = 0.8, \ bc = 0.1$$

$$ca = 0, \ cb = 0.4, \ cc = 0.6$$

（3）建立 n 次迭代运算遵循

$$(0.3 \quad 0.5 \quad 0.2)\begin{pmatrix} 0.9 & 0.1 & 0 \\ 0.1 & 0.8 & 0.1 \\ 0 & 0.4 & 0.6 \end{pmatrix}^n \approx 常数$$

运行步阶 1 获得

$$(0.3 \quad 0.5 \quad 0.2)\begin{pmatrix} 0.9 & 0.1 & 0 \\ 0.1 & 0.8 & 0.1 \\ 0 & 0.4 & 0.6 \end{pmatrix} = (0.32 \quad 0.51 \quad 0.17)$$

$$\vdots$$

运行步阶 5 获得

$$(0.383 \quad 0.487 \quad 0.131)\begin{pmatrix} 0.9 & 0.1 & 0 \\ 0.1 & 0.8 & 0.1 \\ 0 & 0.4 & 0.6 \end{pmatrix} = (0.393 \quad 0.480 \quad 0.127)$$

$$\vdots$$

运行步阶 10 获得

$$(0.420 \quad 0.461 \quad 0.119)\begin{pmatrix} 0.9 & 0.1 & 0 \\ 0.1 & 0.8 & 0.1 \\ 0 & 0.4 & 0.6 \end{pmatrix} = (0.424 \quad 0.459 \quad 0.117)$$

$$\vdots$$

运行步阶 20 获得

$$(0.441 \quad 0.447 \quad 0.112)\begin{pmatrix} 0.9 & 0.1 & 0 \\ 0.1 & 0.8 & 0.1 \\ 0 & 0.4 & 0.6 \end{pmatrix} = (0.442 \quad 0.447 \quad 0.112)$$

$$(7.22)$$

(4) 在本例中的迭代运算步阶在 $n=22$ 时，所获结果满足稳定收敛在所设定的平衡点常数

$$(0.443 \quad 0.445 \quad 0.112)$$

(5) 如果规定 n 的步阶值为"天"，即每一步阶代表 1 天，依上例则预估顶层设计政策的颁行经过 22 天后基本达到全社会的稳定状态。此时拥护该项政策的占 44.3%、中立的占 44.5%、反对的占 11.2%。拥护与中立的人数相加达到 88.8%，其后随着时间推移基本保持不变。

(6) 依照对决策颁行后的"非反对"人数比例不小于 75% 为"达标公信度"、不小于 85% 为"无忧公信度"和不小于 95% 为"优质公信度"判定标准，所举上述事例的计算结果显然在无忧公信度之上（88.8%），说明该项决策的公信度是满意的。

二、施政层(中层)的执行力定则

由社会普朗克现象决定的社会结构所天然形成的等级性，在社会治理中

体现出责任梯度、认知梯度和信息处理能力梯度。在普遍意义上去认识，施政层（中层）的执行力体现在：等级性传布过程既必须保持与上级机构政令在本质上的一致性，以此体现社会治理要求的统一性、共同性与普适性，同时还要在忠实执行治理规则前提下，根据实际情况或所具特殊性对上级政令作出正向的有益补充或修正，以此体现出有别于共性的个性。对各级机构的施政执行力判定，通常以偏离中枢法规核心的"离散度"不大于规定阈值作为衡量标准。由此看出，社会治理的普遍性与局部的特殊性通过合理互补，构成了对施政执行力的解析与评判。

引出布拉德福特变体方程作为执行力定则的描述。S. C. 布拉德福特（S. C. Bradford）在1934年提出了有关"偏离度"的概念，由此形成了数列传布中距离核心的分散度标识。在中国的社会治理结构中，从中央到地方一般有六个行政等级，每一等级在其施政过程中，对中央关于社会治理法规的认知理解和对区域的认知深度，将对其执行力和社会治理效果产生直接影响，对此可以表达成一种简单而普遍的形式：

$$n_1 : n_2 : n_3 : \cdots = 1 : a : a^2 : \cdots \qquad (7.23)$$

式中，$n_1 : n_2 : n_3 : \cdots$分别表示从中央到地方等级系列中的施政等级；a为统计学意义上对执行上级法规的偏离度（相当于执行能力常数）。（中层）施政的执行力定则，要求a保持在一种合理性的阈值范围内。因为绝对的无偏离，并非是最优的执行力；而超越a所允许的范围，也会使执行力产生灾难性后果。由此出发，可以平均衡量出社会治理结构的最优体系执行能力。

各级施政层最优执行力的定量计算，是构成优良社会治理体系的重要支撑。把握好偏离度（分散度）在不同施政层级中的最优选择，是认识执行力在社会治理中的又一重点。广而言之，中枢机构依据全民利益和共性品格所拟定的政策法规（带有最大公信度），置于广域空间应当是整体最优的和社会治理最好的选择，但在不同规定尺度下的中层所作出相应调整

（偏离）也是必要的，这从本质上是求取更加符合本尺度规定下对社会治理的最大利益。这种在施政层中的"调整"和"偏离"，随着梯度向下变化在本质上是离散的，包括结构上离散、功能上离散、过程上离散。如布拉德福特变体的描述，这种偏离度的估计服从本章第一节所述的"等级–大小"幂次方程。

一类非连续分布的同质事件，与等级层次（秩位）相对应将存在内容上、数量上、规模尺度上的数量关系，这个关系符合帕累托分布的描述：

$$\frac{S_m}{S_n} = b\left(\frac{n}{m}\right) \qquad (7.24)$$

式中，m 与 n 分别表示所处"秩位"，即在等级梯度序列中所处的位次；S_m 与 S_n 则分别表示各该秩位处于 m 或 n 时，在执行政令中同第一秩位（中央源头设计）相应的偏离度、分散度、变异度；b 实质上相当于布拉德福特变体方程（7.22）中的符号 a。如果出现 $b=1$，意味着从第一层级（中枢）到最末层级的分布成为帕累托"等级–大小"分布的一个特例。

广义而言，帕累托分布即幂次定律具有从无序中自发形成有序的普遍性，关键取决于 b 的赋值。$b=1$ 的分布形态只具有数学意义。真正洞悉 b 的内涵及其函数表达方式，仍然是当前研究者追逐的难题之一。一般而言，可以概念性地建立起

$$b \propto f[\mathrm{ch}(d,j,h,w), \mathrm{sh}(l,z,g), X(x,j), K, \cdots] \qquad (7.25)$$

式中，ch 表示与整体原始状态相比的差异性，其变化的影响因子包括不同地域空间 d、经济水平 j、社会水平 h、文化水平 w 等的差异性；sh 代表施政水平，其中包括理解能力 l、智慧水平 z、经验积累 g 以及由于腐败、怠政、渎职等带来的影响；X 表示与上下级联系即沟通上级 i 及下级 j 的能力和对信息擒纵把握的能力；K 表示在整体认识上的世界观与价值观差异，以及对上级的依从性和信任度等。

略去繁琐的推导，一个半经验的最终方程被写出

$$P_r = \frac{P_0}{r^b} \tag{7.26}$$

式中，P_0 理解成原始决策方略，记为概率 1.0；r 为序位；P_r 为序位处于 r 时对原始决策方略的变更状态(即与 P_0 的差异状态)；b 为对特定决策方略下的经验型常数。

以当前的研究水平去观察，b 的求解还只是一种黑箱分析的经验系数，还无法达到机理性程度的解析。对(中层)施政的执行力评估，除了揭示 b 的理论内涵外，经验性确定 b 的数值及范围是急切要求回答的现实(图 7.3)。

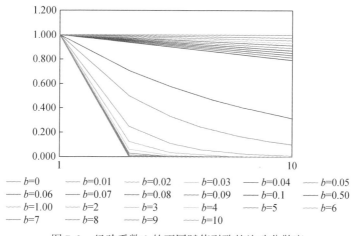

图 7.3　经验系数 b 的不同赋值引致的施政分散度

根据计算可以将 b 的不同赋值列于表 7.3 中，由此将能更为清楚地显示由于 b 对于初始值 1.0(即决策层的政策原型)的改变所致的执行力评估。此种评估以图 7.3 的形式表达出来。图 7.3 显示，当 b 所代表的"分维数"取值处于 $0.01 < b < 0.05$ 时，形成了一簇优美的、致密有序的与 $b > 0.05$ 时有明显差别的"分散度集合"，它们具有理论上合理、治理上有效、施政中绩显的特征，成为评估施政层执行力的标准工具(表 7.3)。

表 7.3　b 的不同赋值引致对初始决策的离散

r＼b	0	0.02	0.04	0.06	0.08	0.10	0.5	1	5	10
1	1.00	1.00	1.00	1.00	1.00	1.00	1.00	1.00	1.00	1.00
2	1.00	0.99	0.97	0.96	0.95	0.93	0.71	0.50	0.03	0.00
3	1.00	0.98	0.96	0.94	0.92	0.90	0.58	0.33	0.00	0.00
4	1.00	0.97	0.95	0.92	0.90	0.87	0.50	0.25	0.00	0.00
5	1.00	0.97	0.94	0.91	0.88	0.85	0.45	0.20	0.00	0.00
6	1.00	0.96	0.93	0.90	0.87	0.84	0.41	0.17	0.00	0.00
7	1.00	0.96	0.93	0.89	0.86	0.82	0.38	0.14	0.00	0.00
8	1.00	0.96	0.92	0.88	0.85	0.81	0.35	0.13	0.00	0.00
9	1.00	0.96	0.92	0.88	0.84	0.80	0.33	0.11	0.00	0.00
10	1.00	0.95	0.91	0.87	0.83	0.79	0.32	0.10	0.00	0.00

在图 7.3 和表 7.3 中，出现了两项极端值：其一是当 $b=0$，意味着从上到下绝对没有改变，这是一种机械地、原封不动地转录初始决策条文或字句的表征，这在现实的施政能力评估中是一种惰政或渎职的表现，即把顶层设计中央关于全局的、宏观的、平均状况下具有最优公信度的初始决策，不加任何分析地应用到局部的治理当中，名义上似乎"不走样"，实质上混淆了共性与个性之间的客观差异。因此，$b=0$ 意味着将共性等同于个性，说明施政能力欠缺，只能称之是尸位素餐的地方官。其二是当 $b \to \infty$，即完全改变上层决策的本意，背离决策层另外搞出一套违背决策本意的法条，在图 7.3 中的图像表现为在极短距离内即下降为 0。理论上，对于实际的施政执行力最优评估，希望 b 处于某个合理的水平，在本例中这个合理的水平明显处于 $0.01<b<0.05$，地方官依据不同法规主题和不同时空条件和本地特点，作出有效的、有利的和有依据的调整，同时又保证原始决策的基本精神传递到最基层（$r=10$）时，损失量或偏离度也不超过 10%。而当 $b>0.05$，在图 7.3 中立即显示出突变性的分异，意味着他们将对施政能力带来巨大损伤，对有效的社会治理是十分不利的。

三、受众层(基层)共振的响应力定则

在社会结构治理中，所颁政令和法规能否获得最终响应和正面支持，还需取决于受众层(草根层)的共振性与响应力。这是衡量社会治理质量的最终检验标志。本书引入"社会共振度"概念，它对社会治理结构中的定量评价，具有理论上和应用上的双重价值。

所谓的共振、共鸣、谐振，在物理本质上具有相同的意涵，即对一个特定频率下，客体以更强振幅作出反应的现象。在社会治理中，如果基层受众对所发政令产生强烈共振，得到的社会响应力将强化社会的万众一心、统一有序，这种共振度增加了社会治理的良性方向，在实际效果上将得出对期望值的满意解。反之，过低的响应力，最终会导致决策力和施政力的失败和失效。

首先定义完全响应力的共振度振幅(意为对决策力和施政力的全力拥护程度)为1。该振幅的实质隐含数量，受制于三个参数影响：其一是原始决策层在顶层设计中所涵盖的真理性和普适性，并在经过中层变异后的受众层所接收的"真实频率"。其二为决策力施政力两者的合力在下传过程中所产生变异的合理性程度，亦可理解成施政层对中枢决策层"变异"的正向作用。其三为基层的"自然共振"频率，即对上层传递下来所能激发出的最大响应量。理想状态下，当"真实频率"等于"共振频率"，将会使基层的响应力达到在合理畸变下所能释放出的最大响应力。

如以 I 表达基层的响应力，它取决于畸变程度 Q 的合理性度量(对原始变量下的真实阻尼与最优阻尼的接近程度)、自然共振 W(即基层意愿最希望接受的响应变量)和真实频率 w(经过畸变后对于基层的输入变量)，于是下式成立：

$$I(W) = \frac{\dfrac{Q}{2}}{(w-W)^2 + \left(\dfrac{Q^2}{2}\right)} \tag{7.27}$$

当 $w=W$，$Q=$最优阻尼值时，$I(W)$趋于无限大，代表基层响应力达到最高理想值。实际状况下，$Q\neq$最优值，$w\neq W$，由此可以计算出基层响应力 $I(W)$ 的数值范围，该数值代表了基层对决策层与执行层合力下所得到的共振程度或响应程度。

由此，公信力、执行力和响应力共同形成的综合作用，得到以下结论：

(1)一个完整的社会治理结构，由决策层(上层)的公信力、施政层(中层)的执行力、受众层(基层)共振的响应力共同构成。

(2)一个良好的社会治理结构，取决于制定政策的科学性与艺术性完美结合(取得最大的公信力)，取决于施政过程的应变力和分散度处于最优范围(在图7.2中的分维幂次处于 $0.01<b<0.05$，在此范围内将初始决策与区域特点的完美结合)，还取决于基层民众的共振性和响应力。如果三者均能达到优化程度的要求，则一个良好的社会治理结构必将显现。

(3)决策的公信力，可通过所拟"先验决策法"，将先验条件与后验条件结合后的时序推移迭代建立概率矩阵，深入挖掘制定法规的科学性与艺术性(可接受性)，预估对政策覆盖空间的差异度和统计意义上的离差，作出代表最大公众意愿"平均值"的宏观推定，最终通过基层的响应力度量去加以检验。

(4)施政的执行力，遵循统计学意义上的离差与平均值之间的最佳拟合，以此获得对源头决策的最优调整，达到具有充分意义上对共性基础(原始决策)的认同，也达到具有充分意义上的个性表达(寻求最佳的修正值)，实施正向补充和修订，在保证原始决策不超出10%的畸变量中，规定执行力的最佳表达。

（5）共振的响应力，这是对社会良治的最终检验，也是对决策公信力和施政执行力的合理性在颁行中的认同程度。最优状态下，通过共振响应力的最大获取，将能收到比预先设想更好的结果，最终体现出社会治理的实际效果。

（6）公信力、执行力、响应力三者在统一基础下的综合寻优，是取得社会良治的最高要求。通过社会治理结构三定则的逻辑递推、整体寻优和内涵互检，共同形成健全的社会治理理论体系。

参 考 文 献
References

阿莱克斯·彭特兰.智慧社会：大数据与社会物理学.汪小帆，汪容译.杭州：浙江人民出版社.

埃尔温·薛定谔.2005.生命是什么.罗来欧，罗辽复译.长沙：湖南科学技术出版社.

艾伯特·拉斯洛·巴拉巴西.2012.爆发：大数据时代预见未来的新思维.马慧译.北京：中
　国人民大学出版社.

范泽孟，等.2007.社会物理学：国际前沿研究透视//牛文元.社会物理学系列第1号.北京：
　科学出版社.

菲利普·鲍尔.2007.预知社会——群体行为的内在法则.暴永宁译.北京：当代中国出版社.

赫尔曼·哈肯.2005.协同学——大自然构成的奥秘.凌复华译.上海：上海译文出版社.

克莱·舍基.2012.人人时代：无组织的组织力量.胡泳，沈满琳译.杭州：浙江人民出版社.

凌高.2003-11-24.物理规律统治人类　当代社会物理学开始成型.国际先驱导报，第2版.

刘怡君，周涛，等.2012.社会物理学：社会动力学//牛文元.社会物理学系列第3号.北京：
　科学出版社.

刘怡君，等.2013.社会物理学：社会管理学//牛文元.社会物理学系列第4号.北京：科学
　出版社.

刘怡君，等.2015.社会物理学：社会治理//牛文元.社会物理学系列第5号.北京：科学出
　版社.

刘怡君，等.2016.社会舆情的网络分析方法与建模仿真.北京：科学出版社.

曼瑟尔·奥尔森.2011.集体行动的逻辑.陈郁，郭宇峰，李崇新译.上海：格致出版社，上
　海三联书店，上海人民出版社.

牛文元.1987.Abler地理空间搜寻模型的改进.科学通报，32(16)：1249-1249.

牛文元.1988.地球空间决策的成功与失误.科学，40(1)：22-27

牛文元.1992.理论地理学.北京：商务印书馆.

牛文元.1994.持续发展导论.北京：科学出版社.

牛文元，等 . 2009. 社会物理学：社会物理学理论与应用//牛文元 . 社会物理学系列第 2 号 . 北京：科学出版社 .

牛文元 . 2001. 社会物理学与中国社会稳定预警系统 . 中国科学院院刊，（1）：15-20.

牛文元 . 2002. 社会物理学：学科意义与应用价值 . 科学，54（3）：32-35.

牛文元 . 2005. 社会物理学派在交叉科学领域中的学科意义与价值//李喜先 . 21 世纪 100 个交叉科学难题 . 北京：科学出版社 .

牛文元 . 2008. 基于社会物理学的社会和谐方程 . 中国科学院院刊，23（4）：343-347.

牛文元 . 2009. 社会燃烧理论：社会系统劣质化的动力学//牛文元，等 . 社会物理学：社会物理学理论与应用 . 北京：科学出版社 .

牛文元 . 2011. 社会行为选择的力学注记//刘怡君，周涛，等 . 社会物理学：社会动力学 . 北京：科学出版社 .

牛文元 . 2011. 总论：现代社会物理学的见解与评述/刘怡君，周涛，等 . 社会物理学：社会动力学 . 北京：科学出版社 .

牛文元 . 2013. 社会行为的概率选择//刘怡君，等 . 社会物理学：社会管理学 . 北京：科学出版社 .

牛文元 . 2015. 优化社会治理结构三定则//刘怡君，等 . 社会物理学：社会治理 . 北京：科学出版社 .

许良 . 2001. 最小作用量原理与物理学的发展 . 成都：四川教育出版社 .

伊曼诺尔·康德 . 2007. 康德三批判书 . 武雨南川译 . 北京：人民日报出版社 .

Ball P. 2004. Critical Mass：How One Thing Leads to Another. William Heinemann，London.

Chorley R J，Haggett P. 1967. Models in Geography. London：Methuen.

Clippinger J. 2004. Berkman Center. Massachusetts：Harvard University.

David L，Alex P，Lada A. Sinan A. 2009. Social science：computational social science. Science，323（5915）：721-723.

Galam S，Gefen Y，Shapir Y. 1982. Sociophysics：a new approach of sociologicalcollective behaviour. Journal of Mathematical Sociology，9（1）：1-13.

Galam S. 2004. Sociophysics：a personal testimony. Physica A Statistical Mechanics & Its Applications，

336(1–2): 49–55.

Galam S. 2012. Sociophysics: a Physicist's Modeling of Psycho- political Phenomena. New York: Springer.

Galam S. 1986. Majority rule, hierarchical structures, and democratic totalitarianism: a statistical approach. Journal of Mathematical Psychology, 30(30): 426–434.

Galam S. 1990. Social paradoxes of majority rule voting and renormalization group. Journal of Statistical Physics, 61(61): 943–951.

Galam S. 2002. Minority opinion spreading in random geometry. Physics of Condensed Matter, 25(4): 403–406.

Galam S. 2003. Modelling rumors: the no plane Pentagon French hoax case. Physica A Statistical Mechanics & Its Applications, 320: 571–580.

Galam S. 2008. Sociophysics: a review of Galam Models, International Journal of Modern Physics C, 19(3): 409–440.

Guardian. 2004 . Guardian on Philip Ball's "Physics of Society". Science, (2): 3

Helbing D, Keltsch J, Molnár P. 2010. Modelling the evolution of human trail systems. Nature, 388(6637): 47–50.

Helbing D, Molnár P. 1995. Social force model for pedestrian dynamics. Physical Review E Statistical Physics Plasmas Fluids & Related Interdisciplinary Topics, 51(5): 4282–4286.

Iberall A S. 1985. Outlining social physics for modern societies- locating culture, economics, and politics: The Enlightenment reconsidered. Proceedings of the National Academy of Sciences, 82(17): 5582–5584.

Mirowski P, Anderson PW. 1991. More heat than light: economics as social physics, physics as nature's economy. Physics Today, 44(6): 217–225.

Schelling T C. 1978. Micromotives and macrobehavior : with a new preface and the Nobel lecture. New York: W. W. Norton& Company.

Zipf G K. 1949. Human behavior and the principle of least effort: an introduction to human ecology. Psychological Bulletin, 47(2): 180–183.